Salades express

Nouvelle édition

Héloïse Martel

FIRST
Editions

Légende des pictos

- ..... Nombre de personnes
- ..... Temps de préparation
- ..... Temps de cuisson
- ..... Temps de repos
- ..... Temps de réfrigération
- ..... Temps de congélation

ISBN : 978-2-7540-3918-5
Dépôt légal : mai 2012
Imprimé en Italie

Correction : Valérie Gios
Mise en page : KN Conception
Couverture : Olivier Frenot

Éditions First-Gründ
60, rue Mazarine
75006 Paris
Tél. 01 45 49 60 00
Fax 01 45 49 60 01
E-mail : firstinfo@efirst.com
Site Internet : www.editionsfirst.fr

Introduction

Que deviendrions-nous sans les salades ?
Voici bien un plat que l'on met... à toutes les sauces !

Entrées, plats uniques, accompagnements, desserts, les salades sont de toutes les fêtes du goût et de la gourmandise, des pique-niques comme des festins. Elles se prêtent à des associations surprenantes, des présentations colorées, à tous les budgets, à tous les appétits, à toutes les occasions, et à bien des fantaisies. Elles permettent de déguiser des restes, comme du riz cuit ou des pommes de terre vapeur par exemple, et de réaliser, par un astucieux mariage d'ingrédients, des compositions aussi appétissantes à l'œil qu'au goût. Présentées dans un grand saladier pour les repas familiaux ou les réunions de copains, dans une boîte pour emporter au bureau, dans des coupelles individuelles pour les repas raffinés, elles font partout bonne figure.

Salade santé

On l'entend dire partout et tout le temps : mangeons des légumes pour préserver notre santé. Ils sont riches en vitamines, en sels minéraux, bons pour notre peau, notre appareil digestif, prêts à nous aider à lutter contre le vieillissement, entre autres maux. Ainsi, avec une délicieuse salade de mâche et de poivrons rouges, vous prenez soin à la fois de votre plaisir gustatif et de votre organisme.

La vinaigrette sur la sellette

Chacun de nous a dû un jour supporter une vinaigrette aigre, piquante, dépourvue de rondeur et de goût. Faire une bonne vinaigrette est un jeu d'enfant si l'on connaît les proportions et si l'on sait habilement jouer avec les épices et les aromates.

Une vinaigrette se compose traditionnellement de moutarde, de vinaigre et d'huile. À vous de varier les uns et les autres en fonction des ingrédients de la salade. Parmi les vinaigres, citons le vinaigre de vin, parfois aromatisé à l'échalote et à la framboise, le vinaigre de cidre, le vinaigre de xérès, et bien sûr le vinaigre balsamique, parfumé et délicat.

Du côté des moutardes, le choix est immense : moutarde forte, à l'ancienne, aux herbes, aux baies roses, au piment,

au bleu de montagne… Les huiles sont elles aussi très variées : noix, noisettes, olive, tournesol, sésame, colza. Vous pouvez aussi préparer vos huiles parfumées à partir d'huile d'olive, par exemple, selon nos recettes.
Les adeptes de la ligne et les personnes souffrant d'une hypercholestérolémie craignent l'huile. Eh bien, il suffit de s'en passer, de remplacer les vinaigrettes par des sauces au yaourt maigre si nécessaire, réveillé par du jus de citron, des herbes ou des épices. Autre astuce : vaporisez la sauce sur la salade si vous êtes au régime afin de limiter l'apport de corps gras, ou encore servez la sauce à part si vous recevez.

Voici quelques conseils :

- Respectez les proportions : 2 cuillerées à soupe de vinaigre pour 5 cuillerées à soupe d'huile ; trop de vinaigre tue le goût, trop d'huile alourdit la sauce.
- Versez la sauce sur les salades vertes juste avant de les servir pour ne pas « cuire » les feuilles.
- Mélangez longuement les salades qui ont besoin d'être imprégnées de sauce, comme les pommes de terre, le riz, les pâtes.

Découvrez dans ce Petit Livre plus de 140 recettes de salades, des salades classiques réveillées par un « plus » comme les carottes râpées à la marocaine ou le chou blanc aux pommes et au roquefort, des salades d'été comme le concombre au pamplemousse et au kiwi, ou le fenouil aux herbes, des salades d'hiver comme les pissenlits aux lardons ou les pommes de terre à la Morteau, des salades raffinées comme la salade périgourdine ou le crabe à la mangue, des salades exotiques comme les crevettes à la thaï ou le poulet à l'indienne, des salades familiales comme les lentilles au haddock ou le râpé de légumes au jambon, sans oublier les salades desserts parmi lesquelles les mandarines à la menthe, l'ananas aux noisettes ou les fraises à la pistache. Et enfin, pour donner du punch à la plus modeste laitue, des recettes de sauces d'accompagnement inventives.

Bon appétit !

SALADES DE LÉGUMES

•

Artichauts à la coriandre

4 10 min

12 cœurs d'artichaut au naturel cuits • 1 citron confit • 1 piment oiseau • 1 bouquet de coriandre • 6 cuil. à soupe d'huile d'olive

Coupez le citron en tranches très fines, et les cœurs d'artichaut en quatre. Mélangez-les dans un saladier. Émiettez dessus le piment oiseau, arrosez d'huile et mélangez bien. Parsemez de coriandre ciselée. Servez frais.

Artichauts aux oranges

4 15 min

6 fonds d'artichaut cuits • 3 oranges • 1 oignon • 2 gousses d'ail • 1 citron • 4 cuil. à soupe d'huile d'olive • 4 branches de menthe • 1 bouquet de coriandre • 2 cuil. à soupe d'olives noires • 1 cuil. à café de cumin en poudre • sel, poivre

Coupez les fonds d'artichaut en quatre et mettez-les dans un saladier. Épluchez et hachez l'oignon et l'ail. Pressez une orange et le citron, versez le jus dans un bol, ajoutez du sel, du poivre, le cumin, le hachis d'ail et d'oignon et l'huile d'olive. Épluchez les deux oranges restantes, coupez-les en tranches fines, puis coupez chaque tranche en quatre. Mettez-les dans le saladier, ainsi que les olives. Arrosez de sauce, mélangez. Ciselez la menthe et la coriandre, parsemez-en la salade au moment de servir.

Avocats et mangues à la ciboulette

4 · 15 min

2 avocats • 2 mangues • ½ laitue • 1 citron vert • 1 bouquet de ciboulette • 2 cuil. à soupe de vinaigre de cidre • 4 cuil. à soupe d'huile d'olive • sel, poivre

Épluchez, lavez, essorez la laitue, ciselez-la et mettez-la dans un plat creux. Pressez le citron vert. Coupez les avocats et les mangues en deux, ôtez les noyaux et coupez la chair en lamelles. Disposez-les sur la laitue en les intercalant. Arrosez de jus de citron vert et parsemez de ciboulette ciselée. Mélangez le vinaigre avec l'huile et un peu de sel et de poivre. Servez en saucière.

Betteraves aux agrumes

4 · 15 min

4 petites betteraves cuites • 1 pamplemousse • 1 orange • 1 cuil. à soupe de vinaigre • 4 cuil. à soupe d'huile d'olive • 1 bouquet de cerfeuil • sel, poivre

Épluchez les betteraves, coupez-les en dés, mettez-les dans un saladier.

Pelez à vif l'orange et le pamplemousse, ôtez les peaux blanches et séparez les quartiers. Ajoutez-les au saladier. Mélangez le vinaigre avec du sel et du poivre, ajoutez l'huile et versez sur la salade. Mélangez et parsemez de cerfeuil. Servez frais.

Betteraves et céleri à la feta

4 10 min

4 betteraves cuites • ½ céleri branche • 150 g de feta • 6 cuil. à soupe d'huile d'olive • 1 citron • sel, poivre

Coupez les betteraves et la feta en petits dés, tronçonnez la branche de céleri en rondelles, mettez-les dans un saladier. Pressez le citron, versez le jus dans un bol, ajoutez du sel, du poivre et l'huile, battez à la fourchette. Versez sur la salade et servez sans attendre.

Betteraves et endives aux amandes

4 · 15 min

2 grosses endives (ou 4 petites) • 2 betteraves cuites • 2 cuil. à soupe d'amandes effilées • 1 cuil. à café de moutarde forte • 2 cuil. à soupe de vinaigre de cidre • 2 cuil. à soupe d'huile de noix • 3 cuil. à soupe d'huile de tournesol • sel, poivre

Enlevez les feuilles flétries des endives, ôtez le petit cône amer à leur base et coupez-les en rondelles. Pelez les betteraves et coupez-les en dés. Disposez les endives et les betteraves côte à côte dans un plat creux. Préparez la vinaigrette en mélangeant la moutarde avec du sel, du poivre, le vinaigre et les deux huiles. Versez sur la salade. Faites griller les amandes effilées à sec dans une poêle à revêtement antiadhésif, parsemez-les sur la salade.

Brocoli mimosa

4 · 10 min · 10 min

800 g de brocoli • 1 citron • 1 œuf • 4 cuil. à soupe d'huile d'olive • 6 branches de persil plat • sel, poivre

Détaillez le brocoli en petits bouquets et faites-les cuire à la vapeur pendant 8 à 10 minutes. Égouttez-les et laissez-les refroidir dans un plat creux. Faites durcir l'œuf pendant 10 minutes, rafraîchissez-le, écalez-le. Pressez le citron, mélangez le jus avec du sel, du poivre et l'huile d'olive. Versez sur les bouquets de brocoli, mélangez délicatement. Hachez séparément le blanc et le jaune d'œuf, saupoudrez-en les brocolis. Ciselez les feuilles de persil, parsemez-les sur la salade.

Carottes cuites au cumin

4 · 10 min · 10 min

700 g de carottes • 1 citron • 4 cuil. à soupe d'huile d'olive • 1 cuil. à soupe de cumin en poudre • 4 branches de persil plat • sel, poivre

Épluchez les carottes et coupez-les en rondelles fines. Faites-les cuire à l'eau bouillante salée pendant 10 minutes. Égouttez-les, laissez-les refroidir et mettez-les dans un saladier. Pressez le citron, versez le jus dans un bol, ajoutez un peu de sel et de poivre, le cumin et l'huile d'olive. Versez la sauce sur la salade. Parsemez-la de feuilles de persil ciselé au moment de servir.

Carottes râpées à la marocaine

4 · 10 min

600 g de carottes • 2 oranges • ½ citron • 1 cuil. à soupe d'eau de fleur d'oranger • ½ cuil. à café de cannelle • ½ cuil. à café de sucre glace

Pelez, râpez les carottes et mettez-les dans un saladier. Pressez les oranges et le citron, versez le jus dans un bol, ajoutez le sucre glace, l'eau de fleur d'oranger et la cannelle, mélangez. Arrosez les carottes avec cette sauce. Servez frais.

Céleri au roquefort et aux noix

4 10 min

10 branches de céleri • 100 g de roquefort • 12 cl de crème liquide • 50 g de cerneaux de noix • poivre du moulin

Coupez les branches de céleri en bâtonnets, répartissez-les dans quatre coupes. Écrasez le roquefort avec la crème et un peu de poivre, versez sur le céleri. Concassez grossièrement les cerneaux de noix, parsemez-les sur la salade. Servez bien frais.

Champignons à l'ail

4 · 10 min

600 g de champignons de Paris • 12 cl de crème liquide • 1 citron • 1 bouquet de persil • 1 gousse d'ail • sel, poivre du moulin

Lavez rapidement les champignons puis essuyez-les. Coupez-les en lamelles et mettez-les dans un saladier. Ciselez le persil. Pressez le citron, versez le jus dans un bol. Pelez l'ail, écrasez-le et ajoutez-le ainsi que la crème liquide et le persil, salez, poivrez, mélangez et versez sur les champignons. Servez frais.

Champignons et céleri au parmesan

4 · 15 min

400 g de champignons de Paris • 4 branches de céleri • 70 g de parmesan • 1 citron • 4 cuil. à soupe d'huile d'olive • sel, poivre

Lavez et essuyez les champignons, émincez-les. Coupez les branches de céleri en petits tronçons. Mettez ces légumes dans un saladier. Pressez le citron, battez le jus avec l'huile d'olive et un peu de sel et de poivre, versez sur la salade, mélangez. Prélevez des copeaux dans le parmesan avec un couteau économe, déposez-les sur la salade. Servez frais.

Chou blanc aux pommes et au roquefort

4 min

1 petit chou blanc • 2 pommes Granny • 1 citron • 120 g de roquefort • 50 g de cerneaux de noix • 1 cuil. à café de moutarde à l'ancienne • 2 cuil. à soupe de vinaigre de vin • 5 cuil. à soupe d'huile de tournesol • sel, poivre

Détaillez le chou blanc en fines lanières et mettez-les dans un saladier. Pressez le citron. Épluchez les pommes, coupez-les en dés et citronnez-les. Coupez le roquefort en dés, concassez grossièrement les cerneaux de noix. Préparez la vinaigrette en mélangeant la moutarde, un peu de sel et de poivre, le vinaigre et l'huile. Versez sur le chou, mélangez bien.
Disposez sur la salade les dés de roquefort, les dés de pomme et les cerneaux. Servez à température ambiante.

Notre conseil : vous pouvez aussi remplacer les noix par des raisins blonds.

Chou rouge aux pommes

4 10 min

1 chou rouge • 1 oignon rouge • 2 pommes • ½ citron • 1 yaourt nature • 1 cuil. à café de moutarde • 4 cuil. à soupe d'huile de noisette • 2 cuil. à soupe de vinaigre de cidre • poivre du moulin

Émincez le chou. Épluchez et ciselez l'oignon. Épluchez les pommes, coupez la chair en dés, citronnez-les. Mettez chou, oignon et pommes dans un saladier.

Mélangez au fouet dans un bol le vinaigre et la moutarde puis ajoutez l'huile et le yaourt. Ajoutez le poivre fraîchement moulu. Versez la sauce sur la salade, mélangez. Servez bien frais.

Coleslaw

4 · 15 min · 1 h

3 carottes • 3 oignons • ¼ de chou blanc • 1 cuil. à café de moutarde forte • 1 cuil. à café de crème liquide • 1 cuil. à soupe de vinaigre blanc • 4 pincées de raifort • sel, poivre

Épluchez les carottes et les oignons, râpez-les finement ainsi que le chou blanc. Mettez-les dans un saladier. Mélangez dans un bol la moutarde, du sel, du poivre, le raifort, le vinaigre et la crème, versez sur la salade, mélangez bien et laissez en attente au moins 1 heure avant de servir pour que les légumes s'imprègnent de sauce.

Concombre au cumin

4 · 10 min

2 concombres • 1 yaourt nature • 1 cuil. à soupe de graines de cumin • sel, poivre

Pelez le concombre et coupez-le en tranches très fines. Mettez-le dans un saladier. Battez le yaourt avec un peu de sel et de poivre et le cumin, versez-le sur les concombres. Mélangez, servez très frais.

Concombre au pamplemousse et au kiwi

4 · 10 min

1 concombre • 2 pamplemousses roses • 2 kiwis • 15 cl de lait de coco • 4 gouttes de Tabasco

Coupez les pamplemousses en deux, prélevez les quartiers avec une cuillère. Pelez le concombre, coupez-le en deux dans le sens de la longueur et enlevez les graines avec une petite cuillère. Coupez la chair en petits morceaux. Pelez les kiwis, coupez-les en rondelles puis en morceaux. Répartissez les morceaux de concombre et de kiwi et les quartiers de pamplemousse dans quatre coupes. Mélangez le lait de coco avec le Tabasco, versez sur les coupes. Servez très frais.

Concombre au poivron

4 · 15 min

3 concombres • 4 poivrons rouges • 2 gousses d'ail • 1 piment oiseau • 4 cuil. à soupe d'huile d'olive • sel, poivre

Pelez les concombres, épépinez-les et râpez-les. Épluchez les gousses d'ail. Ouvrez les poivrons, épépinez-les, mixez la chair finement avec l'ail, l'huile d'olive, le piment oiseau, du sel et du poivre. Versez cette sauce sur les concombres, mélangez bien et répartissez dans quatre coupes. Servez frais.

Courgettes à l'ail et au paprika

4 · 10 min · 5 min

600 g de courgettes • 2 gousses d'ail • 1 cuil. à café de paprika • ½ citron • 4 cuil. à soupe d'huile d'olive • sel, poivre

Lavez les courgettes et coupez-les en dés. Faites-les cuire à l'eau bouillante salée pendant 5 minutes. Égouttez-les bien, laissez-les refroidir et mettez-les dans un saladier.

Épluchez l'ail, écrasez-le au-dessus d'un bol. Pressez le citron, versez le jus dans le bol. Ajoutez du sel, du poivre, le paprika et l'huile. Mélangez bien et versez sur les courgettes. Servez frais.

Courgettes, oignons et feta aux pignons

4 15 min

4 petites courgettes • 2 oignons • 150 g de feta • 4 cuil. à soupe de pignons • 25 cl de crème liquide • 2 cuil. à soupe d'huile d'olive • 1 citron • sel, poivre

Lavez les courgettes et râpez-les. Épluchez et émincez finement les oignons. Mettez ces légumes dans un saladier. Coupez la feta en petits dés, ajoutez-la. Faites griller les pignons dans une poêle à revêtement anti-adhésif. Pressez le citron, versez le jus dans un bol, ajoutez du sel, du poivre, l'huile d'olive et la crème. Battez pour bien émulsionner, versez sur la salade, mélangez puis parsemez de pignons grillés.

Crudités à la brousse et à la tapenade

4 15 min

4 tomates grappe • 1 concombre • 1 poivron vert • 2 branches de céleri • 100 g de brousse • 100 g de tapenade • 5 cl de crème fraîche liquide

Écrasez la brousse à la fourchette en incorporant la tapenade et la crème pour obtenir une sauce onctueuse. Lavez et essuyez les tomates, coupez-les en tranches fines. Lavez, essuyez, épépinez le poivron, coupez la chair en lanières. Coupez le céleri en tronçons. Pelez et émincez le concombre. Mettez les crudités dans un saladier, arrosez de sauce, mélangez bien. Servez frais.

Crudités au yaourt

4 15 min

2 tomates • 3 carottes • 1 courgette • ½ concombre • 1 poivron vert • 1 orange • 1 gousse d'ail • 1 yaourt velouté nature • 1 cuil. à café de moutarde forte • 2 cuil. à soupe de pignons • sel, poivre

Pelez les carottes et le concombre, coupez-les en bâtonnets. Lavez et coupez les tomates, le poivron et la courgette en dés. Mettez ces légumes dans un saladier. Pressez l'orange et versez le jus dans un bol. Épluchez la gousse d'ail, écrasez-la au-dessus du bol, ajoutez le yaourt, la moutarde, du sel, du poivre, mélangez bien et versez sur les légumes. Parsemez de pignons au moment de servir.

Crudités aux amandes

4 15 min

4 carottes • 1 petit chou-fleur • 1 concombre • 1 bulbe de fenouil • 8 tomates cerise • 5 gousses d'ail • 75 g d'amandes mondées • 2 citrons • 6 cuil. à soupe d'huile d'olive • sel, poivre

Pelez les gousses d'ail, pressez les citrons. Mixez l'ail avec les amandes, le jus de citron, du sel et du poivre, puis versez l'huile goutte à goutte comme pour monter une mayonnaise. Pelez les carottes et le concombre, coupez-les en fines rondelles. Détaillez le chou-fleur en tout petits bouquets. Émincez le fenouil. Disposez les crudités sur un plat creux, servez la sauce en saucière.

Endives à la feta au miel et aux noix

4 | 10 min

6 endives • 200 g de feta • 80 g de cerneaux de noix • 1 cuil. à soupe de vinaigre de noix • 1 cuil. à soupe de miel liquide • 4 cuil. à soupe d'huile • sel, poivre

Enlevez les feuilles flétries des endives, lavez-les, essuyez-les. Coupez-les en rondelles et mettez-les dans un saladier. Coupez la feta en dés, ajoutez-les ainsi que les cerneaux de noix concassés grossièrement.

Battez à la fourchette dans un bol le vinaigre avec du sel, du poivre, le miel et l'huile, versez sur la salade.

Endives au gorgonzola

4 | 15 min

6 endives • 100 g de mascarpone • 50 g de gorgonzola • 2 cuil. à soupe de crème liquide • 50 g de cerneaux de noix • poivre du moulin

Ôtez les feuilles flétries des endives et le petit cône amer situé à leur base, lavez-les, épongez-les et coupez-les en lamelles. Mettez-les dans un saladier. Mélangez le mascarpone avec la crème liquide, un peu de poivre et le gorgonzola écrasé. Versez sur les endives, mélangez bien. Concassez grossièrement les cerneaux de noix, parsemez-en la salade.

Épinards aux noix

4 10 min

600 g de pousses d'épinards • 1 oignon doux • 1 poivron rouge • 1 yaourt nature • ½ citron • 3 cuil. à soupe de cerneaux de noix • 6 branches de menthe • sel, poivre

Lavez, essorez, équeutez les pousses d'épinards et mettez-les dans un saladier. Lavez le poivron, épépinez-le et coupez la chair en petits dés, disposez-les sur les épinards. Épluchez l'oignon, hachez-le et parsemez-le sur la salade. Pressez le demi citron, mélangez le jus avec le yaourt, du sel et du poivre. Versez sur la salade et mélangez. Concassez les cerneaux de noix. Parsemez la salade de noix et de menthe ciselée. Servez frais.

Fenouil au citron confit et aux pignons

4 · 10 min

2 ou 4 bulbes de fenouil selon leur taille • 1 gros citron confit • 2 cuil. à soupe de pignons • 4 cuil. à soupe d'huile d'olive • sel, poivre

Enlevez éventuellement les feuilles flétries des bulbes de fenouil, puis râpez-les finement. Mettez-les dans un saladier. Salez, poivrez, arrosez d'huile d'olive et mélangez bien. Coupez le citron confit en petits dés, parsemez-les sur le fenouil, puis saupoudrez de pignons. Servez frais.

Fenouil aux herbes

4 · 10 min

2 bulbes de fenouil • 1 bouquet de ciboulette • 4 branches de menthe • 4 branches de basilic • 4 branches d'estragon • 2 branches de coriandre • 2 branches d'aneth • 2 cuil. à soupe de vinaigre de xérès • 5 cuil. à soupe d'huile d'olive • sel, poivre

Lavez, essuyez les bulbes de fenouil, émincez-les à la mandoline. Mettez-les dans un plat creux. Préparez la vinaigrette en battant à la fourchette le vinaigre avec un peu de sel et de poivre et l'huile. Versez sur la salade, mélangez bien. Ciselez toutes les herbes, parsemez-les sur la salade, mélangez à nouveau. Servez bien frais.

Fenouil sauce à l'avocat

4 15 min

8 bulbes de fenouil • 2 avocats • 3 citrons • 5 cuil. à soupe d'huile d'olive • 3 gouttes de Tabasco • sel, poivre

Lavez et essuyez les bulbes de fenouil. Émincez-les finement au robot ou à la mandoline. Mettez-les dans un saladier. Pressez les citrons. Ouvrez les avocats et prélevez la pulpe. Mixez le jus de citron avec la chair d'avocat, du sel, du poivre, le Tabasco et l'huile. Goûtez, rectifiez l'assaisonnement si nécessaire. Versez sur le fenouil, mélangez bien. Servez frais.

Notre conseil : vous pouvez aussi servir cette sauce avec des carottes, du céleri, des tomates…

Feuille de chêne au bleu

4 · 10 min

1 salade feuille de chêne • 1 oignon rouge • 150 g de bleu de Bresse • 1 citron • 6 cuil. à soupe d'huile de noix • 2 cuil. à soupe de pistaches salées • sel, poivre

Lavez, essorez la salade et mettez-la dans un saladier. Épluchez et émincez l'oignon. Coupez le fromage en petits dés. Concassez grossièrement les pistaches. Pressez le citron, versez le jus dans un bol, ajoutez très peu de sel, du poivre et l'huile de noix. Battez à la fourchette et versez sur la salade au moment de servir. Parsemez de pistaches concassées, d'oignons émincés et de dés de fromage.

Frisée aux croûtons aillés

4 · 10 min

1 salade frisée • 2 gousses d'ail • ¼ de baguette • 4 cuil. à soupe d'huile de tournesol • 2 cuil. à soupe de vinaigre de xérès • 1 cuil. à café de moutarde forte • sel, poivre

Épluchez, lavez et essorez la salade, coupez-la en petits tronçons et mettez-la dans un saladier. Coupez le quart de baguette en tranches fines. Épluchez les gousses d'ail. Frottez les tranches de baguette avec l'ail sur les deux faces, mettez ces croûtons sur la salade. Préparez la vinaigrette dans un bol avec le reste des ingrédients, versez-la sur la frisée et mélangez.

Haricots à l'ail

4 15 min

400 g de haricots blancs cuits • 2 poivrons rouges • 1 oignon • 3 gousses d'ail • 12 olives noires dénoyautées • 1 citron • 4 cuil. à soupe d'huile d'olive • 4 branches de persil plat • sel, poivre

Lavez et essuyez les poivrons, épépinez-les et coupez la chair en petits dés. Épluchez l'ail et l'oignon, hachez-les et mettez-les dans un bol. Pressez le citron, versez le jus dans le bol, ajoutez du sel, du poivre, l'huile et les olives hachées. Mélangez bien. Mettez les haricots cuits dans un saladier, ajoutez les dés de poivron, arrosez de sauce et parsemez de persil ciselé.

Haricots verts au sésame

4 — 15 min — 10 min

600 g de haricots verts extra-fins • 2 cuil. à soupe de sauce de soja • 2 cuil. à soupe d'huile de sésame • 1 cuil. à soupe de graines de sésame

Effilez les haricots verts, faites-les cuire à la vapeur pendant 10 minutes environ. Égouttez-les et laissez-les refroidir. Mettez-les dans un saladier. Mélangez dans un bol l'huile de sésame, les graines de sésame et la sauce de soja. Versez sur les haricots, mélangez et servez aussitôt.

Légumes au lait de coco

4 — 15 min — 10 min

250 g de haricots verts • 2 courgettes • 250 g de pois gourmands • 4 carottes • 2 têtes de brocoli • 10 cl de lait de coco • 1 citron vert • 1 bouquet de coriandre • sel, poivre

Épluchez les légumes. Coupez les carottes et les courgettes en rondelles, détaillez le brocoli en petits bouquets. Effilez les haricots verts. Faites cuire les carottes et le brocoli à l'eau salée pendant environ 10 minutes, ajoutez les courgettes, les pois gourmands et les haricots au bout de 3 minutes. Surveillez la cuisson, car les légumes doivent rester légèrement croquants. Égouttez-les. Mettez-les dans un plat creux ou dans quatre coupes. Laissez refroidir. Pressez le citron vert, versez le jus dans un bol avec le lait de coco, salez, poivrez, versez sur les légumes tièdes. Décorez de coriandre ciselée. Servez immédiatement.

Lentilles à la tapenade

4 15 min

1 boîte de lentilles au naturel • 1 sachet de mâche • 3 échalotes • 3 branches de persil • 4 tranches de pain de campagne • 4 cuil. à soupe de tapenade • 1 cuil. à café de moutarde à l'ancienne • 2 cuil. à soupe de vinaigre de vin vieux • 5 cuil. à soupe d'huile de tournesol • sel, poivre

Rincez et essorez la mâche. Égouttez les lentilles. Versez-les dans un saladier, ajoutez la mâche. Épluchez et hachez les échalotes, parsemez-les sur les lentilles. Préparez la vinaigrette en mélangeant la moutarde avec un peu de sel, de poivre, le vinaigre et l'huile. Versez sur la salade. Toastez les tranches de pain, tartinez-les de tapenade, disposez-les autour de la salade. Ciselez le persil, parsemez-en la salade au moment de servir.

Mâche aux figues

4 15 min

300 g de mâche • 3 fromages de chèvre frais • 6 figues fraîches mûres • 3 cuil. à soupe d'huile d'olive • 1 cuil. à soupe de vinaigre balsamique • 4 cuil. à soupe de pignons • sel, poivre

Lavez et essorez la salade. Lavez délicatement les figues puis coupez les en tranches. Coupez également le fromage de chèvre en tranches.

Mélangez le vinaigre, l'huile, un peu de sel et de poivre dans un bol.

Répartissez la salade dans chaque assiette. Déposez en alternance tranches de figues et de chèvre. Versez un filet de vinaigrette. Parsemez de pignons.

Mâche aux oranges

4 personnes · 10 min

1 sachet de mâche • 2 oranges • 2 cuil. à soupe de vinaigre balsamique • 4 cuil. à soupe d'huile de tournesol • 1 cuil. à café de moutarde douce • sel, poivre

Lavez et essorez la mâche, mettez-la dans un saladier. Épluchez les oranges, séparez les quartiers, enlevez les peaux blanches et coupez les quartiers en fines tranches. Préparez la sauce en mélangeant la moutarde avec le vinaigre balsamique, un peu de sel et de poivre et l'huile. Disposez les lamelles d'orange sur la mâche et arrosez de sauce au moment de servir.

Oignons aux amandes

4 personnes · 15 min · 1 h

800 g d'oignons • 2 citrons • 2 cuil. à café de cassonade • 2 pincées de cannelle • 50 g d'amandes effilées

Épluchez et émincez très finement les oignons. Mettez-les dans un saladier. Pressez les citrons, versez le jus sur les oignons, saupoudrez de cassonade et laissez macérer pendant 1 heure. Au moment de servir, faites griller les amandes à sec dans une poêle à revêtement anti-adhésif. Parsemez-en la salade et saupoudrez de cannelle.

Poireaux marinés

4 · 10 min · 10 min · 12 h

800 g de poireaux • 4 cuil. à soupe de vinaigre de xérès • 1 cuil. à café de sucre • 1 cuil. à café de sel

Épluchez les poireaux et lavez-les soigneusement. Coupez-les en deux dans le sens de la longueur et dans le sens de la largeur. Faites-les cuire à l'eau salée pendant 10 minutes, puis égouttez-les bien. Mettez-les dans un plat creux, arrosez-les de sucre, de sel et de vinaigre. Couvrez et laissez mariner pendant 12 heures. Servez très frais.

Pois chiches à la feta et aux citrons confits

4 — 15 min

1 boîte de pois chiches au naturel • 200 g de feta • 2 citrons confits • 1 piment oiseau • 4 cuil. à soupe d'huile d'olive

Rincez les pois chiches, égouttez-les et mettez-les dans un saladier.
Coupez les citrons confits et la feta en petits morceaux. Disposez-les sur les pois chiches.
Émiettez sur la salade le piment oiseau. Arrosez d'huile d'olive et servez frais.

Pois chiches en salade

4 — 10 min

1 grande boîte de 500 g de pois chiches • 2 oignons • 2 gousses d'ail • 1 tomate • 1 poivron rouge • 1 citron • 3 cuil. à soupe d'huile d'olive vierge • sel, poivre

Épluchez ail et oignon. Hachez-les finement.
Égouttez les pois chiches.

Lavez le poivron et la tomate, épépinez-les puis coupez-les en petits morceaux.
Mettez dans un saladier pois chiches, oignons, ail, tomate et poivron.
Pressez le citron. Mélangez dans un bol l'huile d'olive et le jus de citron, un peu de sel et de poivre. Versez la sauce sur la salade, mélangez.

Pois chiches aux tomates et aux olives

4 · 10 min

6 tomates grappe • 1 boîte de pois chiches • 2 oignons rouges • 50 g d'olives noires dénoyautées • 4 cuil. à soupe d'huile d'olive • 4 pincées de cumin en poudre

Égouttez les pois chiches, rincez-les et mettez-les dans un saladier. Épluchez et émincez les oignons. Pelez les tomates, épépinez-les et coupez la chair en dés.
Mettez dans le saladier les dés de tomate, les oignons et les olives.
Arrosez d'huile d'olive et saupoudrez le cumin. Servez bien frais.

Poivrons à la mozzarella

4 15 min 10 min

2 poivrons rouges • 2 poivrons jaunes • 2 poivrons verts • 150 g de mozzarella • 2 gousses d'ail • 6 cuil. à soupe d'huile d'olive • sel de Guérande, poivre du moulin

Lavez les poivrons, épépinez-les et coupez-les en gros dés. Versez 4 cuillerées à soupe d'huile dans une sauteuse, faites revenir les dés de poivrons en mélangeant sans cesse pendant 5 minutes. Couvrez et laissez cuire 5 minutes. Pendant ce temps, coupez la mozzarella en dés, pelez les gousses d'ail, écrasez-les avec un presse-ail au-dessus d'un saladier. Laissez refroidir les poivrons puis mettez-les dans le saladier, ajoutez 2 cuillerées d'huile d'olive, un peu de sel de Guérande et de poivre du moulin. Parsemez de dés de mozzarella. Servez immédiatement.

Poivrons grillés

4 | 10 min | 30 min | 3 h

4 poivrons rouges • 4 gousses d'ail • 8 filets d'anchois à l'huile • 1 cuil. à soupe de câpres • 6 cuil. à soupe d'huile d'olive

Essuyez les poivrons, faites-les griller sous le gril du four pendant 30 minutes. Pelez-les, épépinez-les et coupez la chair en fines lanières.

Mettez les lamelles de poivron dans un plat creux. Disposez dessus les anchois.

Pelez les gousses d'ail et écrasez-les au-dessus d'un bol. Versez l'huile d'olive et les câpres.

Mélangez bien et versez sur les poivrons. Laissez mariner au frais pendant 3 heures.

Pommes au curry

4 · 15 min · 20 min

800 g de pommes de terre • 2 pommes Granny • 1 citron • 1 jaune d'œuf • 1 cuil. à café de moutarde forte • 1 cuil. à café de curry • 8 cuil. à soupe d'huile de tournesol • 1 yaourt bulgare nature • ½ bouquet d'aneth • sel, poivre

Faites cuire les pommes de terre pendant 20 minutes, laissez-les refroidir un peu, épluchez-les et coupez-les en rondelles. Pressez le citron. Épluchez les pommes, coupez-les en dés, citronnez-les et mettez-les dans le saladier. Préparez une mayonnaise avec la moutarde, le jaune d'œuf, du sel, du poivre et l'huile, puis incorporez le curry et le yaourt. Versez sur les pommes, mélangez bien. Saupoudrez d'aneth ciselé au moment de servir.

Notre conseil : vous pouvez faire cuire les pommes de terre et préparer la mayonnaise à l'avance, si vous manquez de temps avant le repas.

Pommes de terre au citron confit

4 15 min 20 min

800 g de pommes de terre rattes • 2 citrons confits • 2 oignons • 1 cuil. à café de gingembre en poudre • 2 cuil. à café de cumin en poudre • 2 cuil. à soupe de vinaigre de cidre • 5 cuil. à soupe d'huile d'olive • 1 bouquet de coriandre • sel, poivre

Faites cuire les pommes de terre à l'eau bouillante pendant 20 minutes, égouttez-les et laissez-les refroidir. Pelez-les, coupez-les en rondelles, mettez-les dans un saladier. Épluchez les oignons, hachez-les et ajoutez-les. Coupez les citrons confits en petits dés, répartissez-les sur la salade. Mélangez dans un bol le vinaigre, du sel, du poivre, les épices et l'huile d'olive, versez sur la salade et mélangez bien. Ciselez la coriandre, parsemez-en les pommes de terre. Servez à température ambiante.

Radis aux épices

4 15 min

2 bottes de radis • 100 g de mascarpone • 1 bouquet de ciboulette • 1 cuil. à café de moutarde • 1 cuil. à soupe de cumin en poudre • 2 cuil. à soupe de crème liquide • sel, poivre

Épluchez les radis, gardez les fanes pour confectionner un potage. Coupez les radis en rondelles, mettez-les dans un saladier ou dans quatre coupes. Ciselez la ciboulette. Mélangez le mascarpone avec la crème liquide, la moutarde, le cumin, du sel et du poivre. Versez sur les radis, mélangez puis parsemez de ciboulette au dernier moment.
Servez bien frais.

Radis en salade

4 15 min

1 radis noir • 1 botte de radis roses • 2 cm de gingembre • 1 cuil. à soupe de sauce de soja • 4 cuil. à soupe d'huile d'olive • 1 citron vert

Épluchez les radis roses, coupez-les en rondelles.
Pelez le radis noir, râpez-le avec une râpe à gros trous.
Mettez les deux radis dans un saladier ou dans 4 coupes.
Pelez et râpez le gingembre, mettez-le dans un bol, arrosez de sauce de soja, de jus de citron vert et d'huile, mélangez bien et versez sur les radis. Servez frais.

Roquette au chèvre

4 10 min

200 g de roquette • 2 chèvres frais • 8 tomates confites • 1 cuil. à soupe de vinaigre de vin à la framboise • 4 cuil. à soupe d'huile de noisette • sel, poivre

Rincez et essorez la roquette. Mettez-la dans un saladier.
Coupez les fromages en petits dés et les tomates en lamelles, disposez-les sur la salade.

Battez à la fourchette dans un bol le vinaigre avec du sel et du poivre, ajoutez l'huile. Versez sur la salade au moment de servir.

Roquette aux tomates confites

4 10 min

1 sachet de roquette • 1 petit bocal de tomates confites à l'huile • 100 g de parmesan râpé • 3 cuil. à soupe d'huile d'olive • poivre du moulin

Rincez et essorez la roquette, mettez-la dans un saladier. Coupez les tomates confites en petits dés, répartissez-les sur la salade, parsemez de parmesan râpé, arrosez d'huile d'olive et poivrez généreusement.

Salade d'artichauts et d'asperges aux noisettes

4 10 min

4 fonds d'artichauts cuits • 500 g de petites asperges cuites • 1 laitue • 1 orange non traitée • 2 cuil. à soupe de noisettes concassées • 3 cuil. à soupe d'huile de noisette • 1 cuil. à café de moutarde de Meaux • sel, poivre

Lavez, essorez la laitue, coupez les feuilles en lanières, mettez-les dans un saladier.
Coupez les fonds d'artichauts en quatre et les asperges en tronçons, déposez-les sur la laitue.
Prélevez le zeste de l'orange avec un couteau économe, râpez-en la moitié, pressez le fruit.
Mélangez l'huile, la moutarde, 2 cuillerées à soupe du jus de l'orange avec le zeste râpé, du sel et du poivre. Versez sur la salade au moment de servir et saupoudrez de noisettes concassées.

Salade d'herbes

4 10 min

3 bouquets de persil plat • 2 bouquets de coriandre • 1 bouquet de menthe • 4 tomates • 2 oignons • 1 citron • 4 cuil. à soupe d'huile d'olive • sel, poivre

Épluchez les oignons et hachez-les. Pelez les tomates, épépinez-les et coupez-les en petits dés. Mettez oignons et tomates dans un saladier. Lavez et séchez les herbes. Ciselez-les avec des ciseaux au-dessus du saladier. Pressez le citron, mélangez le jus avec l'huile d'olive, du sel et du poivre. Versez sur la salade. Mélangez bien, servez immédiatement.

Notre conseil : servez cette salade en entrée légère ou avec de la viande froide.

Salade de chou, carottes, raisins et ananas au curry

4 20 min

½ chou blanc • 4 petites carottes • 1 cuil. à soupe de raisins secs • 1 ananas Victoria • 1 jaune d'œuf • 1 cuil. à café de moutarde forte • 20 cl d'huile • 1 cuil. à café de curry en poudre • 1 yaourt velouté nature • sel, poivre

Pelez l'ananas, coupez-le en tranches, et détaillez chaque tranche en petits morceaux. Pelez les carottes, râpez-les. Râpez également le chou.

Mélangez dans un grand saladier les légumes et l'ananas, ajoutez les raisins.

Fouettez le jaune d'œuf avec la moutarde, du sel et du poivre, versez l'huile en filet en fouettant, ajoutez le curry et le yaourt, versez la sauce sur la salade, mélangez.

Notre conseil : si vous êtes très pressé, utilisez des légumes râpés vendus en sachet dans le commerce, et des tranches d'ananas au sirop bien égouttées.

Salade de courgettes et poivrons à la coriandre

4 | 20 min | 25 min

500 g de courgettes • 1 poivron rouge • 1 poivron jaune • 1 oignon • 3 gousses d'ail • 1 cuil. à café de gingembre moulu • 1 cuil. à café de paprika • 10 cl d'huile d'olive • 1 cuil. à soupe de vinaigre balsamique • 1 bouquet de coriandre • sel, poivre

Pelez l'oignon et l'ail, hachez-les ensemble. Pelez les poivrons avec un épluche-légumes, détaillez la chair en petits dés. Lavez les courgettes, coupez-les en dés de même taille. Faites chauffer l'huile dans une sauteuse, mettez le hachis d'ail et d'oignon, faites revenir en mélangeant pendant 2 minutes, puis ajoutez les poivrons et les courgettes, salez, poivrez, épicez, mélangez. Laissez cuire pendant 15 minutes. Versez dans un grand plat creux, laissez refroidir, arrosez de vinaigre balsamique, mélangez, parsemez de feuilles de coriandre ciselées.

Salade de haricots

4 — 10 min — 10 min

200 g de haricots verts extra-fins • 1 boîte de haricots blancs au naturel • 2 tomates grappe • 1 oignon • 1 bouquet de persil plat • 2 cuil. à soupe de vinaigre balsamique • 4 cuil. à soupe d'huile d'olive • sel, poivre

Effilez les haricots verts, faites-les cuire à l'eau bouillante salée pendant 10 minutes, rafraîchissez-les et mettez-les dans un saladier. Rincez les haricots blancs. Pelez et épépinez les tomates, coupez la chair en petits dés. Épluchez et émincez finement l'oignon. Ciselez le persil. Ajoutez ces légumes au contenu du saladier. Mélangez le vinaigre balsamique et l'huile avec un peu de sel et de poivre, versez sur la salade et mélangez.

Salade de printemps

4 15 min 10 min

1 botte d'asperges vertes • 100 g de roquette • 200 g de fèves • 2 œufs • 50 g de parmesan • 2 cuil. à soupe de vinaigre balsamique • 4 cuil. à soupe d'huile d'olive • sel, poivre

Pelez les asperges, coupez-en l'extrémité fibreuse. Faites-les cuire pendant 10 minutes à l'eau bouillante salée. Égouttez-les et coupez-les en tronçons. Faites cuire les fèves pendant 5 minutes à l'eau bouillante salée. Égouttez-les et retirez la peau. Faites cuire les œufs pendant 7 minutes afin qu'ils soient mollets. Rincez et essorez la roquette. Mettez les asperges, la roquette et les fèves dans un saladier. Mélangez dans un bol le vinaigre balsamique, l'huile et un peu de sel et de poivre, versez sur la salade, mélangez délicatement. Coupez les œufs en deux dans le sens de la longueur, disposez-les sur la salade. Prélevez des copeaux dans le parmesan avec un couteau économe, décorez-en la salade. Servez à température ambiante.

Salade japonaise

4 10 min

3 carottes • 1 radis noir • 1 concombre • 1 citron vert • 2 cuil. à soupe de sauce de soja

Pelez et râpez les carottes, le radis et le concombre. Pressez le citron vert, mélangez le jus avec la sauce de soja, arrosez les légumes de sauce et mélangez bien. Servez frais.

Salade sucrée salée au curry

4 15 min

2 poivrons rouges • 1 boîte de maïs au naturel • 2 avocats • 2 pommes Granny • 1 pamplemousse • 50 g de raisins secs • 1 citron • 1 jaune d'œuf • 1 cuil. à café de moutarde • 6 cuil. à soupe d'huile de colza • 1 cuil. à café de curry • sel, poivre

Épépinez les poivrons, coupez la chair en petits dés. Coupez le pamplemousse en deux, prélevez la pulpe avec une petite cuillère. Égouttez le maïs. Pressez le citron, versez le jus dans un bol. Prélevez la chair des avocats avec une cuillère parisienne, citronnez les billes obtenues. Épluchez les pommes, coupez la chair en dés, citronnez-les. Mettez tous ces ingrédients dans un saladier avec les raisins. Préparez une mayonnaise en mélangeant la moutarde avec du sel, du poivre et le jaune d'œuf. Versez l'huile goutte à goutte et battez jusqu'à épaississement. Ajoutez le reste de jus de citron et le curry. Versez sur la salade, mélangez. Servez frais.

Salade verte

4 15 min

1 concombre • 1 poivron vert • 100 g d'olives vertes dénoyautées • 1 bouquet de coriandre • 4 branches de menthe • 1 citron • 4 cuil. à soupe d'huile d'olive • 2 pincées de cumin en poudre • sel, poivre

Pelez le concombre, épépinez-le et coupez la pulpe en petits dés. Ouvrez le poivron en deux, épépinez-le et détaillez la chair également en petits dés. Coupez les olives en dés de même taille. Ciselez la menthe et la coriandre. Mettez tous ces ingrédients dans un saladier. Pressez le citron, mélangez le jus avec l'huile d'olive, du sel, du poivre et le cumin. Versez sur la salade, mélangez. Servez frais.

Notre conseil : cette salade est excellente avec du gigot froid. Vous pouvez aussi la servir en entrée.

Tomates au pesto de câpres

4 10 min

8 tomates grappe • 60 g de câpres • 50 g d'amandes • 50 g de parmesan • 1 bouquet de basilic • 10 cuil. à soupe d'huile d'olive • poivre

Pelez les tomates, coupez-les en tranches fines et mettez-les dans un plat creux. Mixez les câpres avec les amandes, le parmesan, les feuilles de basilic et un peu de poivre, en ajoutant l'huile en filet. Versez ce pesto sur les tomates. Servez frais.

Tomates aux olives et aux épices

4 10 min

8 tomates grappe • 100 g d'olives • 1 citron non traité • 4 pincées de cumin en poudre • 4 pincées de piment doux • 4 pincées de piment fort • 6 cuil. à soupe d'huile d'olive • sel

Prélevez le zeste du citron avec un couteau économe et râpez-le. Pressez le fruit et versez le jus dans un bol. Mélangez le jus de citron avec un peu de sel, les piments, le cumin, l'huile d'olive et les zestes. Coupez les tomates en tranches fines, étalez-les dans un plat creux, parsemez d'olives et arrosez de sauce. Servez bien frais.

Tomates et mozzarella aux pignons

4 10 min

12 tomates cerise • 12 petites boules de mozzarella • 2 cuil. à soupe de pignons • 3 gousses d'ail • 1 citron • 5 cuil. à soupe d'huile d'olive • 1 bouquet de basilic • sel, poivre

Pressez le citron, versez le jus dans le bol du mixeur, ajoutez du sel, du poivre, les feuilles de basilic, en conservant deux branches pour le décor, 1 cuillerée de pignons et les gousses d'ail. Versez l'huile en filet pour obtenir une crème. Lavez les tomates, mettez-les dans un saladier avec les petites boules de mozzarella, arrosez de sauce, parsemez de pignons et décorez de feuilles de basilic.

Tomates et poivrons à la menthe

4 10 min 10 min

4 tomates • 2 poivrons verts • 1 oignon • 1 citron • 1 cuil. à café de cumin en poudre • 5 cuil. à soupe d'huile d'olive • 4 branches de menthe • sel, poivre

Pelez et épépinez les tomates et les poivrons, coupez-les en cubes et faites-les revenir pendant 10 minutes dans 2 cuillerées à soupe d'huile d'olive. Retirez-les et laissez-les refroidir. Épluchez et hachez l'oignon. Ciselez la menthe. Pressez le citron. Versez le jus dans un bol, ajoutez le cumin, les 3 cuillerées à soupe d'huile restantes, du sel et du poivre. Disposez les tomates et les poivrons dans un saladier, saupoudrez d'oignon haché et de menthe ciselée, arrosez de sauce. Servez bien frais.

Notre conseil : vous pouvez utiliser des tomates et des poivrons pelés en conserve si vous manquez de temps.

SALADES DE POISSONS, CRUSTACÉS, COQUILLAGES

•

Champignons à la mozzarella

4 — 15 min

600 g de champignons de Paris • 150 g de mozzarella • 8 filets d'anchois • 1 citron • 4 cuil. à soupe d'huile d'olive • sel, poivre

Lavez et essuyez les champignons, coupez-les en lamelles. Mettez-les dans un saladier. Pressez le citron et arrosez-en les champignons. Ajoutez un peu de sel, du poivre, l'huile d'olive et mélangez bien. Coupez la mozzarella en dés, les anchois en morceaux, disposez-les sur les champignons. Servez frais ou à température ambiante.

Coquilles Saint-Jacques en salade

4 · 5 min · 5 min

12 noix de Saint-Jacques • 1 sachet de mâche • 2 cuil. à soupe de vinaigre balsamique • 2 cuil. à soupe d'huile de noix • 3 cuil. à soupe d'huile de tournesol • 1 cuil. à soupe de baies roses • sel, poivre

Rincez et essorez la mâche, répartissez-la sur quatre assiettes. Rincez et épongez les noix de Saint-Jacques. Faites-les dorer à feu doux pendant 5 minutes dans 1 cuillerée à soupe d'huile de tournesol dans une poêle à revêtement antiadhésif en les retournant à mi-cuisson. Mélangez le vinaigre balsamique avec les deux huiles, un peu de sel et de poivre. Versez sur la mâche et mélangez. Répartissez les noix de Saint-Jacques chaudes sur la salade, décorez avec quelques baies roses. Servez immédiatement.

Notre conseil : préparez les assiettes de salade à l'avance, vous verserez la sauce et ferez cuire les Saint-Jacques au dernier moment.

Crabe à l'avocat

4 10 min

3 avocats • 1 sachet de miettes de crabe • 2 tomates grappe • 1 citron • 100 g de fromage blanc • 4 branches de persil plat • sel, poivre

Pelez et épépinez les tomates, coupez la chair en dés. Ouvrez les avocats, ôtez le noyau et coupez la chair en dés. Mettez les dés de tomate et d'avocat dans un saladier, ajoutez les miettes de crabe. Pressez le citron, hachez le persil. Battez le jus de citron avec le fromage blanc, le persil et du sel et du poivre. Versez la sauce dans le saladier et mélangez délicatement. Servez bien frais.

Crabe à la mangue

4 10 min

2 sachets de miettes de crabe • 1 mangue • 1 laitue • 2 cm de gingembre • 1 cuil. à soupe de vinaigre de cidre • 2 cuil. à soupe d'huile d'olive • 10 cl de crème fraîche liquide • 1 bouquet de coriandre • sel, poivre

Lavez, essorez la laitue, ciselez-la et mettez-la dans un saladier. Pelez la mangue, ôtez le noyau et coupez la chair en petits dés. Pelez et râpez le gingembre. Préparez la sauce en mélangeant le vinaigre, la crème, du sel, du poivre, le gingembre et l'huile. Versez sur la laitue, mélangez bien et répartissez dans quatre coupes. Disposez sur la laitue les dés de mangue et les miettes de crabe. Parsemez de coriandre ciselée. Servez bien frais.

Crabe aux pommes

4 15 min

1 sachet de miettes de crabe • 2 betteraves rouges cuites • 2 pommes Granny • 1 branche de céleri • ½ citron • 1 cuil. à café de moutarde forte • 2 cuil. à soupe de vinaigre de cidre • 4 cuil. à soupe d'huile de tournesol • sel, poivre

Coupez les betteraves en dés. Détaillez la branche de céleri en petites rondelles. Épluchez les pommes, coupez-les en dés et citronnez-les. Préparez la vinaigrette en mélangeant dans un saladier moutarde, sel, poivre, vinaigre et huile. Ajoutez les betteraves, le céleri, les dés de pomme et enfin les miettes de crabe. Mélangez bien. Servez frais.

Notre conseil : vous pouvez remplacer les miettes de crabe par des bâtonnets de surimi coupés en lamelles.

Crabe et crevettes au kiwi

4 15 min

16 crevettes roses cuites • 200 g de miettes de crabe au naturel • 8 kiwis • ½ sachet de laitue • 1 citron vert • 4 gouttes de Tabasco • 1 jaune d'œuf • 1 cuil. à soupe de moutarde • 5 cuil. à soupe d'huile de colza • 2 cuil. à soupe de crème liquide • sel, poivre

Rincez et essorez la laitue, ciselez-la. Décortiquez les crevettes. Pelez les kiwis, coupez-les en rondelles, puis partagez chaque rondelle en quatre en recueillant le jus dans un bol. Pressez le citron vert, mettez le jus dans le bol. Préparez une mayonnaise en battez le jaune d'œuf avec la moutarde, du sel, du poivre et ajoutez l'huile goutte à goutte. Incorporez le Tabasco, le jus de citron vert et de kiwi, diluez la mayonnaise avec la crème pour qu'elle soit un peu liquide. Disposez dans un plat creux ou dans quatre coupes la laitue, les crevettes et les miettes de crabe, arrosez de mayonnaise, mélangez bien, disposez dessus les morceaux de kiwi.

Cresson au haddock

4 — 15 min — 10 min

600 g de haddock • 1 botte de cresson • 2 échalotes • 2 œufs • 1 citron • 4 cuil. à soupe d'huile de tournesol • sel, poivre

Faites cuire les œufs à l'eau bouillante salée pendant 10 minutes, rafraîchissez-les, écalez-les. Épluchez, lavez et essorez le cresson. Mettez-le dans un plat creux. Découpez le haddock cru en lamelles fines, disposez-les sur la salade. Pressez le citron, mélangez le jus avec l'huile, du sel et du poivre, versez sur la salade. Pelez et hachez les échalotes. Passez les œufs à la moulinette. Parsemez la salade d'échalotes et d'œufs hachés. Servez frais.

Crevettes à l'ananas

4 10 min

16 crevettes roses cuites • 1 boîte d'ananas au sirop • 6 cuil. à soupe de lait de coco • 1 citron vert • ½ bouquet de coriandre • sel, poivre

Décortiquez les crevettes et coupez-les en morceaux. Coupez les rondelles d'ananas en petits morceaux également. Mettez les crevettes et l'ananas dans un saladier. Pressez le citron vert en recueillant le jus dans un bol. Ajoutez du sel, du poivre, le lait de coco, versez sur la salade et parsemez de feuilles de coriandre.

Crevettes à l'exotique

4 15 min

16 crevettes roses cuites • ½ laitue • 150 g de fromage blanc • ½ cuil. à soupe de gingembre en poudre • 2 cuil. à soupe de lait de coco • 1 piment oiseau • 1 citron • ½ bouquet de menthe • sel

Épluchez, lavez et essorez la laitue. Ciselez-la et mettez-la dans un saladier. Pressez le citron. Mélangez dans un bol le fromage blanc, le lait de coco, le jus de citron, le gingembre, le piment émietté, salez. Versez sur la salade, mélangez bien. Disposez dessus les crevettes décortiquées et parsemez de menthe ciselée. Servez bien frais.

Crevettes à la thaï

4 · 15 min

•500 g de grosses crevettes roses cuites • 2 piments rouges • 2 oignons • ½ concombre • 1 laitue • 1 gousse d'ail • 1 citron vert non traité • 2 cuil. à soupe de nuoc-mâm • 2 cuil. à soupe de sauce de soja • 1 cuil. à café de sucre • 1 bouquet de coriandre

Lavez et essorez la laitue, coupez une dizaine de feuilles en lanières. Prélevez le zeste du citron vert avec un couteau économe, râpez-le, pressez le fruit. Ouvrez les piments, ôtez les graines, coupez la chair en petits dés. Lavez le concombre et tranchez-le très finement. Épluchez et émincez l'ail et les oignons. Mélangez dans un bol la sauce de soja, le sucre, l'ail, le nuoc-mâm et le jus de citron. Mettez dans un saladier la laitue, les oignons, le concombre, arrosez avec la sauce, mélangez. Répartissez la salade dans quatre coupes, disposez dessus les crevettes, parsemez de zeste de citron et de coriandre ciselée. Servez frais.

Crevettes au brocoli

4 15 min 5 min

16 crevettes roses cuites • 600 g de brocoli • 2 cuil. à soupe de pignons • 1 citron • 4 cuil. à soupe d'huile d'olive • sel, poivre

Lavez le brocoli, détaillez-le en petits bouquets et faites-les cuire à l'eau bouillante salée pendant 5 minutes. Égouttez-les bien et mettez-les dans un saladier. Décor-tiquez les crevettes, déposez-les sur les bouquets de brocoli. Pressez le citron, mélangez le jus avec l'huile, du sel et du poivre. Versez sur la salade et parsemez-la de pignons. Servez sans attendre.

Daurade au céleri et aux avocats

4 15 min

400 g de filets de daurade crue • 1 poivron vert • 4 branches de céleri • 2 avocats • 4 citrons verts • 4 cuil. à soupe d'huile d'olive • sel, poivre

Pressez les citrons verts. Détaillez le poisson en petits dés, mettez-les dans un plat creux, arrosez-les de jus de citron, salez, poivrez. Lavez, essuyez le poivron, épépinez-le et coupez la chair en dés. Coupez les branches de céleri en petites rondelles. Ouvrez les avocats, ôtez le noyau, coupez la chair en dés. Ajoutez les légumes au poisson, arrosez d'huile, mélangez délicatement puis répartissez dans quatre assiettes ou quatre verrines. Servez bien frais.

Endives au haddock

4 · 15 min · 10 min

5 endives • 600 g de haddock • 10 cl de lait • 2 pommes Granny • 1 citron • 6 cuil. à soupe d'huile de noisette • 2 cuil. à soupe de vinaigre balsamique • sel, poivre

Faites cuire le haddock dans de l'eau salée additionnée de lait pendant 10 minutes. Égouttez-le et laissez-le refroidir. Pendant ce temps, pressez le citron, recueillez le jus dans un bol. Pelez les pommes, coupez-les en dés et citronnez-les. Épluchez les endives, ôtez le cône amer à leur base et coupez-les en larges lamelles. Mettez-les dans un plat creux. Disposez dessus les dés de pomme. Effeuillez le haddock en prenant soin d'enlever les arêtes, répartissez-le sur les endives et les pommes. Mélangez dans un bol le vinaigre balsamique avec l'huile et un peu de sel et de poivre, versez sur la salade au moment de servir.

Épinards au saumon fumé

4 10 min 5 min

300 g de dés de saumon fumé • 400 g de pousses d'épinards • 4 œufs de caille • 1 orange • 1 yaourt nature • 1 cuil. à soupe d'huile d'olive • sel, poivre

Faites cuire les œufs de caille pendant 5 minutes à l'eau bouillante, rafraîchissez-les, écalez-les et coupez-les en deux dans le sens de la hauteur. Lavez et essorez les pousses d'épinards. Mettez-les dans un saladier. Pressez l'orange, recueillez le jus dans un bol, ajoutez l'huile, le yaourt, du sel et du poivre. Battez à la fourchette et versez sur la salade. Mélangez. Disposez sur la salade les dés de saumon et les moitiés d'œufs. Servez frais.

Harengs à la nordique

4   10 min

4 filets de hareng doux • 2 pommes Granny • 12 cl de crème fraîche épaisse • 1 citron • 1 cuil. à café de curry • ½ bouquet d'aneth • poivre

Pressez le citron, versez le jus dans un saladier. Ajoutez la crème, le curry et un peu de poivre. Épluchez les pommes, coupez la chair en petits dés, mettez-les dans le saladier et mélangez bien. Répartissez cette préparation sur quatre assiettes, disposez à côté les filets de hareng et parsemez d'aneth ciselé. Servez frais.

Harengs pommes à l'huile

4   15 min   20 min

700 g de pommes de terre • 4 filets de harengs à l'huile • 2 oignons • ½ bouquet de persil • 1 cuil. à café de moutarde forte • 2 cuil. à soupe de vinaigre de vin • 3 cuil. à soupe d'huile de tournesol • poivre

Faites cuire les pommes de terre à l'eau pendant 20 minutes, laissez-les refroidir un peu et épluchez-les. Coupez-les en rondelles, mettez-les dans un saladier. Coupez les filets de hareng en lanières, ajoutez-les aux pommes de terre. Mélangez la moutarde avec le vinaigre, un peu de poivre et l'huile, versez sur les pommes de terre et mélangez bien. Épluchez les oignons, émincez-les, ciselez le persil, disposez-les sur les pommes de terre. Servez tiède.

Langoustines à l'orange

4 20 min 10 min

20 langoustines • 1 orange non traitée • 4 tomates fermes • 1 salade feuille de chêne • 1 citron • 4 cuil. à soupe d'huile d'olive • sel, poivre du moulin

Lavez, essorez la salade, émincez-la en lanières et disposez-la sur quatre assiettes individuelles. Faites pocher les langoustines à l'eau bouillante salée pendant 5 minutes, laissez-les refroidir, puis décortiquez-les. Coupez la chair en petits dés. Ébouillantez les tomates, pelez-les, épépinez-les et coupez la chair en dés également. Prélevez le zeste de l'orange avec un couteau économe, coupez-le en bâtonnets et faites-les blanchir 10 minutes à l'eau bouillante. Égouttez-les. Séparez les quartiers de l'orange, enlevez les peaux blanches et coupez-les en deux. Pressez le citron, mélangez le jus avec l'huile d'olive, salez, poivrez. Mélangez dans un saladier les dés de tomate et les dés de langoustine, arrosez de sauce. Répartissez ce mélange sur la salade et parsemez de zestes d'orange. Servez frais.

Langoustines à la thaï

4 · 15 min · 5 min

800 g de langoustines • 2 pommes Granny • 3 citrons verts • 1 gousse d'ail • 2 cuil. à café de sauce de soja • 2 cuil. à café d'huile de sésame • 2 cuil. à soupe d'huile de tournesol • 1 cuil. à soupe de gingembre en poudre • 1 bouquet de coriandre

Faites cuire les langoustines dans de l'eau bouillante salée pendant 5 minutes, rafraîchissez-les et décortiquez-les. Pressez les citrons et versez le jus dans un bol. Épluchez les pommes, coupez-les en fines lamelles, disposez-les dans un plat creux et arrosez-les d'un peu de jus de citron. Épluchez l'ail, écrasez-le au-dessus du bol contenant le jus de citron, ajoutez la sauce de soja, le gingembre en poudre et les huiles. Mélangez bien. Mettez les langoustines sur les tranches de pomme, arrosez de sauce et parsemez de feuilles de coriandre.

Langoustines au pamplemousse

4 15 min 5 min

16 langoustines • 1 salade feuille de chêne • 1 pamplemousse rose • 1 cuil. à soupe de rhum • 1 citron • 4 cuil. à soupe d'huile de tournesol • sel, poivre

Faites cuire les langoustines pendant 5 minutes dans de l'eau bouillante salée. Laissez-les refroidir puis décortiquez-les. Lavez, essorez la salade, répartissez-la dans quatre coupes. Épluchez le pamplemousse en recueillant le jus dans un bol. Débarrassez les quartiers de leurs peaux blanches, disposez-les sur la salade. Pressez le citron, versez le jus dans le bol, ajoutez l'huile, du sel, du poivre et le rhum. Battez à la fourchette pour émulsionner. Disposez les langoustines dans les coupes, arrosez de sauce. Servez frais.

Langoustines au sésame

4 · 10 min · 5 min

12 langoustines • 2 courgettes • 1 cuil. à soupe de graines de sésame • 6 cuil. à soupe d'huile d'olive • 2 cuil. à soupe de vinaigre balsamique • sel, poivre

Lavez les courgettes, émincez-les très finement et mettez-les dans un saladier. Dans un bol, mélangez le vinaigre et l'huile avec un peu de sel et de poivre. Versez sur les courgettes. Décortiquez à cru les langoustines. Versez 2 cuillerées d'huile dans une poêle, faites dorer les langoustines pendant 5 minutes en les retournant régulièrement. Saupoudrez-les de graines de sésame, puis disposez-les sur les courgettes.

Lentilles au haddock

4 10 min 10 min

600 g de haddock • 1 boîte de lentilles au naturel • 1 oignon • 2 cuil. à soupe de vinaigre de cidre • 1 cuil. à café de moutarde à l'ancienne • 4 cuil. à soupe d'huile de tournesol • sel, poivre

Faites pocher le haddock dans de l'eau bouillante salée pendant 10 minutes. Égouttez-le, effeuillez-le en ôtant toutes les arêtes. Épluchez l'oignon et coupez-le en rondelles.

Versez les lentilles dans un saladier, disposez dessus les rondelles d'oignon et le haddock tiède. Préparez la vinaigrette en battant à la fourchette la moutarde avec le vinaigre, du sel, du poivre et l'huile. Versez sur la salade.

Mâche au crabe

4 · 10 min

1 sachet de mâche • 1 sachet de crabe au naturel • 1 poivron rouge • 1 cuil. à café de câpres • 1 échalote • 3 cuil. à soupe d'huile d'olive • 2 cuil. à soupe d'huile de tournesol • 1 cuil. à café de moutarde à l'ancienne • 2 cuil. à soupe de vinaigre balsamique • ½ cuil. à café de curry • 1 branche d'aneth • sel, poivre

Lavez et épépinez le poivron et coupez-le en petits dés. Lavez et essorez la salade. Épluchez et émincez l'échalote. Disposez la mâche au fond d'un saladier, mettez le crabe en dôme au milieu, entourez-le de dés de poivron : vous aurez une belle harmonie de couleurs. Préparez la sauce : mettez le curry, la moutarde et le vinaigre avec un peu de sel et de poivre dans un bol. Fouettez et ajoutez les huiles en les versant goutte à goutte comme pour monter une mayonnaise. Au moment de servir, versez la sauce sur la salade et parsemez d'aneth et de câpres.

Notre conseil : vous pouvez remplacer l'aneth par du persil et le crabe par des allumettes de jambon.

Moules à la tomate et au piment

4 | 15 min | 5 min

2 litres de moules • 1 piment vert • 3 tomates • 1 citron • 1 gousse d'ail • 4 cuil. à soupe d'huile d'olive • 1 bouquet de ciboulette • sel, poivre

Grattez et lavez les moules, faites-les ouvrir dans une sauteuse avec un verre d'eau, du sel et du poivre. Égouttez-les, enlevez une coquille sur deux et mettez-les dans un plat creux. Lavez et essuyez le piment, coupez-le en très petits dés. Pressez le citron, versez le jus dans un bol. Épluchez l'ail, écrasez-le au-dessus du bol. Ajoutez du sel, le piment et l'huile d'olive. Mélangez bien et versez sur les moules. Pelez les tomates, épépinez-les, coupez la chair en dés. Ciselez la ciboulette. Répartissez les dés de tomate et les brins de ciboulette sur la salade au moment de servir et mélangez délicatement.

Poireaux confits au saumon fumé

4 | 10 min | 15 min

800 g de blancs de poireau • 400 g de dés de saumon fumé • 1 cuil. à soupe de moutarde aux aromates • 1 cuil. à soupe de miel liquide • 2 cuil. à soupe de vinaigre de cidre • 4 cuil. à soupe d'huile de tournesol • 1 bouquet d'aneth • sel, poivre

Lavez les poireaux, faites-les cuire pendant 15 minutes à l'eau salée. Égouttez-les et laissez-les tiédir dans un plat creux. Préparez une vinaigrette en mélangeant la moutarde avec du sel, du poivre, le miel, le vinaigre et l'huile. Versez sur les poireaux, mélangez bien pour qu'ils soient imprégnés. Parsemez de dés de saumon fumé et de feuilles d'aneth.

Quinoa aux fruits de mer

4 · 15 min · 10 min

200 g de quinoa • 2 litres de moules • 16 crevettes roses cuites • 8 tomates cerise • 1 citron • 5 cuil. à soupe d'huile d'olive • 3 pincées de piment en poudre • 4 branches de persil plat • sel, poivre

Grattez les moules et lavez-les à grande eau. Faites-les ouvrir dans une marmite avec un verre d'eau, du sel et du poivre. Retirez-les dès qu'elles sont ouvertes et décoquillez-les. Décortiquez les crevettes. Coupez les tomates cerise en deux. Faites cuire le quinoa dans de l'eau bouillante salée pendant 10 minutes, égouttez-le et laissez-le refroidir. Pressez le citron, versez le jus dans un bol, ajoutez du sel, du poivre, l'huile et le piment.

Versez le quinoa dans un saladier, arrosez de sauce, mélangez bien, puis disposez dessus les moules, les crevettes et les tomates. Parsemez de persil ciselé.

Raie en salade

4 · 10 min · 15 min

800 g d'ailes de raie • 1 sachet de court-bouillon • 2 tomates • ½ sachet de mâche • 2 cuil. à café de câpres • 2 cuil. à soupe de vinaigre de vin • 5 cuil. à soupe d'huile d'olive • sel, poivre

Reconstituez le court-bouillon selon la méthode indiquée sur l'emballage. Faites cuire la raie dans le court-bouillon pendant 15 minutes. Égouttez-la, épluchez-la, effilochez-la. Rincez la mâche, essorez-la et mettez-la dans un plat creux. Coupez les tomates en fines rondelles, déposez-les tout autour de la salade. Mettez l'effiloché de raie sur la mâche. Mélangez le vinaigre avec un peu de sel et de poivre, ajoutez l'huile, battez à la fourchette pour émulsionner, puis versez sur la salade. Répartissez les câpres sur le plat. Servez immédiatement.

Romaine aux anchois

4 · 15 min · 5 min

1 salade romaine • 8 filets d'anchois • 50 g de parmesan • 1 citron • 2 gousses d'ail • 5 cuil. à soupe d'huile d'olive • 4 tranches de pain de mie • poivre

Épluchez la romaine, lavez-la, essorez-la et coupez les feuilles en tronçons. Mettez-les dans un saladier. Pelez l'ail, écrasez-le au-dessus d'un bol. Pressez le citron, versez le jus dans le bol, ajoutez du poivre et 4 cuillerées d'huile. Battez à la fourchette pour émulsionner. Coupez les tranches de pain en petits carrés, faites-les dorer à la poêle dans une cuillerée d'huile d'olive. Prélevez des copeaux dans le parmesan avec un couteau économe. Versez la sauce sur les feuilles de romaine, mélangez, parsemez de filets d'anchois, de copeaux de parmesan et de cubes de pain.

Salade de rattes au saumon fumé

4 — 20 min — 20 min

600 g de pommes de terre rattes • 1 branche de céleri • 1 pomme verte • 40 g de mâche • 20 cl de crème fraîche • 200 g de dés de saumon fumé • 2 cuil. à soupe de jus de citron • 1 cuil. à soupe de vinaigre balsamique • 5 cuil. à soupe d'huile d'olive • sel, poivre

Faites cuire les pommes de terre à l'eau pendant 20 minutes, laissez-les tiédir, puis pelez-les, coupez-les en rondelles. Lavez et essorez la mâche. Coupez le céleri en petits tronçons.

Mélangez la crème, le vinaigre balsamique, le jus de citron et l'huile d'olive, salez, poivrez. Épluchez la pomme, détaillez-la en dés.

Disposez harmonieusement la mâche, les rondelles de pomme de terre, le céleri, la pomme et les dés de saumon sur quatre assiettes, nappez de sauce. Servez aussitôt.

Salade niçoise

4 · 15 min · 10 min

200 g de riz blanc cuit • 4 tomates grappe • 1 poivron vert • 4 œufs • 200 g de thon au naturel • 8 filets d'anchois à l'huile • 100 g d'olives noires de Nice • 2 cuil. à soupe de vinaigre de vin • 5 cuil. à soupe d'huile d'olive • sel, poivre

Faites durcir les œufs, rafraîchissez-les, écalez-les. Préparez la vinaigrette en mélangeant le vinaigre avec du sel, du poivre et l'huile. Mettez le riz cuit dans un saladier. Versez la sauce sur le riz, mélangez bien. Lavez les tomates, coupez-les en fines rondelles et disposez-les sur le riz. Épépinez le poivron, coupez-le en fines lanières et mettez-les sur les tomates. Mettez le thon au centre du saladier, placez les filets d'anchois en rosace, entourez d'œufs durs coupés en quatre. Décorez avec les olives. Servez bien frais.

Notre conseil : vous pouvez varier cette salade en remplaçant le riz par des pommes de terre, et en ajoutant des haricots verts.

Saumon fumé au chèvre frais

4 — 10 min

300 g de saumon fumé • 200 g de chèvre frais • 6 dattes • 2 sachets de mesclun • 1 branche d'estragon • 1 branche de ciboulette • 1 branche de persil plat • 2 cuil. à soupe de vinaigre balsamique • 4 cuil. à soupe d'huile d'olive • sel, poivre

Lavez et essorez le mesclun, mettez-le dans un saladier. Coupez les dattes en petits dés. Taillez le saumon fumé en lanières et le chèvre frais en dés. Ciselez les herbes. Préparez la sauce en fouettant le vinaigre balsamique avec l'huile d'olive et un peu de sel et de poivre. Au moment de servir, arrosez le mesclun de sauce, mélangez, puis déposez dessus les lamelles de saumon et les dés de chèvre. Décorez avec les herbes ciselées et les morceaux de datte.

Notre conseil : si vous n'aimez pas le mélange sucré salé, remplacez les dattes par des tomates cerise coupées en quatre.

Thon aux anchois

4 15 min

600 g de thon au naturel en conserve • ½ laitue • 150 g de fromage blanc • 6 anchois à l'huile • ½ cuil. à café de paprika • 1 cuil. à soupe de chapelure

Lavez, essorez, ciselez la laitue et mettez-la au fond d'un saladier. Mélangez dans un grand bol le fromage blanc, la chapelure et le paprika. Ajoutez les anchois coupés en très petits morceaux. Égouttez le thon, travaillez-le à la fourchette avec la sauce, puis disposez-le sur la laitue. Servez bien frais.

Notre conseil : accompagnez cette salade de pain grillé.

Thon aux haricots

4 15 min

400 g de haricots coco cuits • 2 branches de céleri • 2 tomates • 400 g de thon au naturel en conserve • 1 piment oiseau • 2 gousses d'ail • 2 cuil. à soupe de vinaigre de cidre • 5 cuil. à soupe d'huile de colza • sel, poivre

Rincez les haricots, égouttez-les, mettez-les dans un saladier. Émiettez le thon et ajoutez-le. Pelez les tomates, épépinez-les, coupez la chair en dés. Détaillez les branches de céleri en tronçons. Mettez les dés de tomate et les rondelles de céleri dans le saladier. Épluchez l'ail, écrasez-le avec un presse ail au-dessus d'un bol. Émiettez le piment oiseau au-dessus du bol, ajoutez le vinaigre, du sel, du poivre et l'huile. Versez la sauce sur la salade et mélangez bien. Servez à température ambiante.

Notre conseil : vous pouvez faire cuire les haricots la veille ou utiliser des haricots en conserve au naturel.

Thon aux pommes de terre

4 — 15 min — 15 min

800 g de pommes de terre cuites à l'eau • 600 g de thon au naturel en conserve • 1 concombre • 3 cuil. à soupe de vinaigre de cidre • 6 cuil. à soupe d'huile d'olive • 1 cuil. à soupe de baies roses • sel, poivre

Pelez le concombre, taillez-le en bâtonnets, saupoudrez-les de sel fin et laissez-les dégorger 15 minutes dans une passoire. Rincez-les. Coupez les pommes de terre en cubes. Mettez-les dans un saladier. Émiettez dessus le thon, ajoutez le concombre et les baies roses. Préparez la sauce en mélangeant le vinaigre avec du sel, du poivre et l'huile. Battez à la fourchette pour émulsionner, et versez sur la salade.

Tomates aux anchois

4 — 10 min

6 tomates grappe • 6 filets d'anchois • 2 gousses d'ail • 8 tranches de baguette • 4 cuil. à soupe d'huile d'olive

Coupez les tomates en fines tranches, mettez-les dans un plat creux. Épluchez l'ail, écrasez-le au presse-ail au-dessus d'un bol et arrosez-le d'huile d'olive. Faites griller les tranches de baguette, puis badigeonnez-les d'huile aillée. Disposez-les autour des tomates. Coupez les anchois en petits morceaux, disposez-les sur les tomates, arrosez avec le reste de l'huile aillée.

SALADES DE VIANDES ET DE VOLAILLES

•

Artichauts à l'italienne

4 15 min

12 cœurs d'artichaut en conserve • 100 g de tomates cerise • 100 g de jambon de Parme • 75 g de parmesan • 1 citron • 4 cuil. à soupe d'huile d'olive • sel, poivre

Égouttez les cœurs d'artichaut, mettez-les dans un saladier. Ajoutez les tomates cerise coupées en deux. Coupez le jambon en lamelles, disposez-les dessus. Pressez le citron, mélangez le jus dans un bol avec l'huile, et un peu de sel et de poivre. Versez sur la salade. Confectionnez des copeaux de parmesan avec un couteau économe, posez-les délicatement sur la salade avant de servir.

Artichauts au maïs et au jambon

4 sans Préparation

16 cœurs d'artichaut au naturel • 200 g de maïs au naturel • 300 g d'allumettes de jambon • 1 cuil. à café de moutarde forte • 2 cuil. à soupe de vinaigre de xérès • 5 cuil. à soupe d'huile d'olive • sel, poivre

Égouttez les cœurs d'artichaut et coupez-les en quatre. Égouttez le maïs. Mettez-les dans un saladier, ajoutez les allumettes de jambon. Préparez la vinaigrette en mélangeant la moutarde, du sel, du poivre, le vinaigre et l'huile. Versez sur la salade, mélangez bien et servez à température ambiante.

Avocats au magret fumé

4 15 min

2 avocats • 1 sachet de magret de canard fumé tranché • ½ laitue • 2 citrons verts • 4 cuil. à soupe d'huile de tournesol • sel, poivre

Pressez les citrons verts et recueillez le jus dans un bol. Dégraissez les tranches de magret. Lavez, essorez, ciselez la laitue, répartissez-la dans quatre coupes. Ouvrez les avocats, ôtez le noyau et coupez la chair en lamelles, arrosez-les de jus de citron. Disposez-les sur la laitue, ainsi que les tranches de magret. Mélangez le reste de jus de citron avec l'huile, du sel et du poivre. Versez sur la salade au moment de servir.

Bœuf à la coriandre

4 10 min

600 g de bœuf cuit • 2 oignons • ½ laitue • 1 cuil. à soupe de vinaigre balsamique • 1 cuil. à soupe de sauce de soja • 1 cuil. à soupe de vinaigre de xérès • 6 cuil. à soupe d'huile d'olive • 2 bouquets de coriandre • 2 cuil. à soupe de cacahuètes nature

Coupez le bœuf en dés. Épluchez, lavez, essorez la laitue et ciselez-la. Épluchez et hachez les oignons. Mettez tous ces ingrédients dans un saladier. Mélangez dans un bol les vinaigres, la sauce de soja et l'huile, versez sur la salade. Ciselez la coriandre, concassez grossièrement les cacahuètes, parsemez-en la salade. Servez à température ambiante.

Bœuf au fenouil et aux carottes

4 15 min

700 g de bœuf cuit • 2 fenouils • 4 carottes • 1 cuil. à café de moutarde forte • 2 cuil. à soupe de vinaigre de vin • 5 cuil. à soupe d'huile de tournesol • 4 cornichons • sel, poivre

Pelez les carottes et râpez-les. Émincez les fenouils à la mandoline. Coupez les cornichons en rondelles. Détaillez le bœuf en cubes. Mettez tous les ingrédients dans un saladier. Préparez une vinaigrette en battant la moutarde avec le vinaigre et un peu de sel et de poivre. Versez l'huile peu à peu. Arrosez la salade avec la sauce, mélangez et servez à température ambiante.

Bresaola, melon et roquette

4 15 min

1 sachet de roquette • 1 petit melon • 12 tranches de bresaola • 1 cuil. à soupe de vinaigre balsamique • 4 cuil. à soupe d'huile d'olive • sel, poivre du moulin

Rincez et essorez la roquette, répartissez-la dans quatre coupelles. Épépinez le melon, prélevez des billes avec une cuillère parisienne.

Coupez les tranches de bresaola en lamelles. Disposez le melon et les lamelles sur la roquette.

Battez à la fourchette dans un bol le vinaigre balsamique avec du sel et du poivre, puis versez l'huile. Arrosez la salade de sauce au moment de servir.

Endives au jambon de Parme

4 — 20 min — 15 min — 10 min

5 endives • 6 tranches fines de jambon de Parme • 100 g de gruyère • 70 g de cerneaux de noix • 2 branches de persil plat • 2 branches de cerfeuil • 2 cuil. à café de câpres • 2 petits oignons blancs • 2 œufs • 5 cuil. à soupe d'huile d'olive • 2 cuil. à soupe de vinaigre de cidre • 1 cuil. à café de moutarde de Meaux • sel, poivre

Faites durcir les œufs pendant 10 minutes, rafraîchissez-les puis écalez-les. Enlevez les feuilles flétries des endives et ôtez le petit cône amer à leur base. Lavez-les, essuyez-les et coupez-les en lanières. Coupez le fromage et le jambon en lamelles. Écrasez grossièrement les cerneaux de noix. Réunissez ces ingrédients dans un saladier. Préparez la vinaigrette dans un bol en mélangeant le vinaigre, la moutarde, un peu de sel, de poivre et l'huile. Versez-la sur la salade et mélangez. Laissez mariner environ 15 minutes. Pendant ce temps, épluchez et hachez les oignons avec les câpres. Passez les œufs durs à la moulinette ou, à défaut, écrasez-les à la fourchette. Ciselez les herbes. Au moment de servir, parsemez les œufs durs, les câpres, l'oignon, les herbes ciselées sur la salade.

Figues au jambon et à la mozzarella

4 10 min

8 figues • 2 boules de mozzarella • 4 tranches fines de jambon de Parme • 1 citron • 1 gousse d'ail • 4 cuil. à soupe d'huile d'olive • 4 branches de menthe • sel, poivre

Lavez et essuyez les figues, coupez-les en tranches fines. Coupez la mozzarella en lamelles. Coupez les tranches de jambon en deux ou trois selon leur taille. Répartissez les figues, la mozzarella et le jambon sur quatre assiettes en les intercalant. Pressez le citron, épluchez l'ail, écrasez-le au-dessus d'un bol. Mélangez le jus avec du sel, du poivre, l'ail écrasé et l'huile. Versez sur les assiettes. Décorez avec les feuilles de menthe ciselées.

Frisée aux lardons

4 | 15 min | 7 min

1 salade frisée • 200 g d'allumettes de lardons fumés • 4 œufs • 4 cuil. à soupe d'huile de tournesol • 2 cuil. à soupe de vinaigre de xérès • 1 cuil. à café de moutarde forte • sel, poivre

Épluchez, lavez et essorez la salade, coupez-la et mettez-la dans un saladier. Faites cuire les œufs en les plongeant dans de l'eau bouillante pendant 7 minutes. En même temps, faites rissoler les allumettes de lardons à sec dans une poêle à revêtement antiadhésif. Rafraîchissez les œufs, écalez-les. Préparez la vinaigrette dans un bol avec le reste des ingrédients, versez-la sur la frisée et mélangez. Parsemez la salade de lardons, disposez les œufs dessus.

Melon au jambon et à la mozzarella

4 · 10 min

1 gros melon • 150 g de jambon de Parme • 150 g de billes de mozzarella • 2 pincées de piment d'Espelette en poudre • 4 cuil. à soupe d'huile d'olive • sel, poivre

Ouvrez le melon, ôtez les graines puis prélevez la chair avec une cuillère parisienne. Mettez-les dans un saladier avec les billes de mozzarella égouttées, salez, poivrez et ajoutez le piment en poudre. Arrosez d'huile d'olive et mélangez bien. Taillez le jambon en fines lamelles, disposez-les sur la salade. Servez frais.

Mesclun au magret fumé

4 15 min 8 min

1 sachet de mesclun • 2 sachets de magret de canard fumés • 250 g de haricots verts extra-fins • 150 g de pignons • 1 cuil. à café de moutarde à l'ancienne • 2 cuil. à soupe de vinaigre de vin à la framboise • 5 cuil. à soupe d'huile de noix • sel, poivre

Faites cuire les haricots verts à l'eau salée pendant 8 à 10 minutes. Ils doivent rester légèrement croquants. Égouttez-les et laissez-les refroidir. Pendant ce temps, dégraissez les tranches de magret, rincez et essorez le mesclun. Préparez la vinaigrette en mélangeant la moutarde avec le vinaigre, du sel, du poivre et l'huile. Mettez la salade dans un plat creux, ajoutez les haricots verts, arrosez de sauce et mélangez. Disposez dessus les tranches de magret, saupoudrez de pignons.

Notre conseil : vous pouvez remplacer les magrets fumés par des magrets au poivre.

Mesclun à l'italienne

4 10 min

1 sachet de mesclun • 50 g de parmesan • 6 tranches fines de jambon de Parme • 2 cuil. à soupe de vinaigre de vin • 5 cuil. à soupe d'huile d'olive • sel, poivre

Rincez et essorez le mesclun et mettez-le dans un saladier. Taillez le jambon en lamelles, prélevez des copeaux dans le parmesan avec un couteau économe. Mélangez dans un bol le vinaigre, un peu de sel et de poivre et l'huile. Au moment de servir, versez la sauce sur la salade, et disposez dessus les lamelles de jambon et les copeaux de parmesan.

Pissenlits aux lardons

4 · 10 min · 5 min

250 g de pissenlits • 250 g de lardons fumés • 1 cuil. à café de moutarde à l'ancienne • 2 cuil. à soupe de vinaigre de vin • 4 cuil. à soupe d'huile de tournesol • sel, poivre

Lavez et essorez les pissenlits, mettez-les dans un saladier. Préparez la vinaigrette : battez la moutarde avec le vinaigre, du sel, du poivre puis ajoutez l'huile. Faites dorer les lardons à sec dans une poêle à revêtement antiadhésif jusqu'à ce qu'ils soient bien dorés. Versez la sauce sur la salade, mélangez bien, puis parsemez de lardons grillés. Servez immédiatement.

Notre conseil : vous pouvez ajouter à cette salade des œufs mollets.

Pommes de terre à la Morteau

4 · 15 min · 20 min

2 saucisses de Morteau • 800 g de pommes de terre rattes • 8 branches de persil plat • 2 cuil. à soupe de vin blanc sec • 4 cuil. à soupe d'huile de tournesol • 2 cuil. à soupe de vinaigre de vin • 1 cuil. à café de moutarde à l'ancienne • sel, poivre

Faites cuire les pommes de terre avec leur peau pendant 20 minutes. En même temps, dans une autre casserole, faites pocher les saucisses. Égouttez les pommes de terre, laissez-les refroidir un peu. Pelez les pommes de terre, coupez-les en morceaux si elles sont grosses, mettez-les dans un saladier, arrosez-les de vin blanc et mélangez bien. Coupez les saucisses en tranches, disposez-les sur les pommes de terre. Mélangez la moutarde avec du sel, du poivre, le vinaigre et l'huile. Versez sur la salade et parsemez de persil plat ciselé.

Porc à la citronnelle

4 · 15 min · 5 min

400 g de porc haché (échine ou filet) • 1 petit concombre • 8 feuilles de scarole • 4 tiges de citronnelle • 2 cuil. à soupe de nuoc-mâm • 1 cuil. à soupe de sucre • 1 citron vert • 1 cuil. à café de pâte de piment • 1 cuil. à soupe d'huile • 1 bouquet de coriandre • 4 branches de menthe • ½ bouquet de ciboulette

Faites cuire le hachis de porc dans l'huile en le retournant constamment pendant 5 minutes. Retirez-le et laissez-le refroidir. Pendant ce temps, lavez le concombre et coupez-le en très fines rondelles sans l'éplucher, ciselez finement les herbes et la citronnelle. Coupez les feuilles de scarole en lanières. Pressez le citron vert. Mélangez dans un bol la pâte de piment, le sucre, le nuoc-mâm et le jus de citron. Répartissez dans quatre bols la scarole, le concombre, les herbes, le hachis de porc et arrosez-les de sauce.

Poulet à l'avocat

4 · 15 min

½ poulet froid • 4 avocats • 1 sachet de laitue • 4 branches d'estragon • 2 citrons • 4 cuil. à soupe d'huile d'olive • sel, poivre

Rincez et essorez la laitue, coupez-la en chiffonnade, garnissez-en un plat creux. Prélevez la chair du poulet, coupez-la en dés ou en lanières, disposez-les sur la laitue. Pressez les citrons, recueillez le jus dans un bol.

Ouvrez les avocats, enlevez la pulpe avec une cuillère parisienne, citronnez aussitôt et disposez sur le poulet. Versez l'huile dans le bol contenant le reste de jus de citron, ajoutez du sel, du poivre, versez sur la salade. Décorez avec les feuilles d'estragon ciselées.

Poulet à l'indienne

4 15 min 10 min

600 g de blanc de poulet cuit • 300 g de pois gourmands • 1 yaourt nature • 1 cuil. à café de curry • 1 cuil. à café de curcuma • 1 cuil. à soupe de gingembre en poudre • 50 g d'amandes effilées • 1 citron • 1 orange • sel, poivre

Effilez les pois gourmands, faites-les cuire à l'eau bouillante salée pendant 10 minutes, puis rafraîchissez-les. Pressez le citron et l'orange, versez le jus dans un bol. Mélangez avec le yaourt, les épices et un peu de sel et de poivre. Coupez le poulet en cubes. Mettez dans un saladier les pois gourmands et le poulet, arrosez de sauce. Faites griller les amandes à sec dans une poêle à revêtement antiadhésif et parsemez-les sur la salade. Servez à température ambiante.

Poulet au curry

4 10 min

400 g de blancs de poulet cuits • 150 g de faisselle • 1 gros oignon • 150 g de champignons de Paris • ½ sachet de laitue • 1 cuil. à café de curry • sel, poivre

Rincez et essorez la laitue, mettez-la dans un saladier. Épluchez et émincez l'oignon. Lavez et essuyez les champignons, émincez-les. Coupez les blancs de poulet en lamelles. Ajoutez ces ingrédients à la laitue.

Dans un bol, mélangez la faisselle avec du sel, du poivre et le curry. Battez bien pour obtenir une sauce lisse. Versez-la sur la salade, mélangez. Servez frais.

Poulet aux noix et aux raisins

4 15 min

400 g de poulet cuit • 50 g de cerneaux de noix • 30 g de raisins secs • 1 sachet de scarole • 1 cuil. à café de moutarde forte • 2 cuil. à soupe de vinaigre de xérès • 2 cuil. à soupe d'huile de noix • 3 cuil. à soupe d'huile de colza • sel, poivre

Mettez les raisins secs dans un bol, recouvrez-les d'eau chaude et laissez-les gonfler 5 minutes.

Rincez et essorez la scarole, mettez-la dans un saladier. Concassez grossièrement les cerneaux de noix.

Découpez le poulet en dés, déposez-les sur la salade verte. Répartissez dessus les noix et les raisins égouttés.

Mélangez le vinaigre avec un peu de sel et de poivre, la moutarde et les deux huiles. Versez sur la salade, mélangez délicatement et servez sans attendre.

Râpé de légumes au jambon

4 — 15 min

4 carottes • 2 cœurs de céleri • 2 oignons • 400 g d'allumettes de jambon • 1 citron • 5 cuil. à soupe d'huile d'olive • sel, poivre

Épluchez les carottes, les cœurs de céleri et les oignons, râpez-les. Mettez-les dans un saladier. Ajoutez les allumettes de jambon. Pressez le citron, mélangez le jus avec l'huile d'olive, du sel et du poivre, versez sur la salade. Servez frais.

Roquette aux figues

4 — 15 min

1 sachet de roquette • 4 figues • 4 tranches de jambon de Parme • 1 oignon • 1 orange • 1 cuil. à café de vinaigre balsamique • 3 cuil. à soupe d'huile d'olive • sel, poivre

Lavez et essuyez les figues, coupez-les en tranches fines. Taillez le jambon en lamelles. Rincez et essorez la roquette. Mettez tous ces ingrédients dans un saladier. Épluchez et hachez l'oignon. Pressez l'orange, versez le jus dans un bol, ajoutez du sel, du poivre, le hachis d'oignon, le vinaigre balsamique et l'huile. Émulsionnez à la fourchette et versez sur la salade.

Salade chinoise au poulet

4 15 min

200 g de blanc de poulet cuit • 100 g de pousses de soja • 1 tomate • 1 oignon • 1 concombre • 1 citron • 6 feuilles de laitue • 1 gousse d'ail • ½ bouquet de coriandre • ½ bouquet de menthe • 1 cuil. à soupe de nuoc-mâm • sel, poivre

Épluchez l'ail et l'oignon, hachez-les finement.
Lavez le concombre, essuyez-le et coupez-le en tranches très fines sans l'éplucher.
Pelez la tomate après l'avoir ébouillantée, ôtez les graines et coupez la chair en petits dés.
Ciselez les feuilles de laitue. Détaillez le poulet en dés.
Mettez dans un saladier successivement la laitue, les pousses de soja, les rondelles de concombre, les dés de poulet et de tomate.
Pressez le citron et versez le jus dans un bol. Ajoutez le nuoc mâm, l'oignon et l'ail hachés, un peu de sel et de

poivre. Versez sur la salade. Parsemez de coriandre et de menthe ciselées.

Salade périgourdine

4 | 15 min | 5 min

2 sachets de mesclun • 8 gésiers de canard confits • 4 tranches de foie gras • 1 sachet de magret de canard fumé tranché • 2 cuil. à soupe de cerneaux de noix • 1 cuil. à café de moutarde forte • 2 cuil. à soupe de vinaigre de vin à la framboise • 3 cuil. à soupe d'huile de noix • 2 cuil. à soupe d'huile de tournesol • sel, poivre

Rincez et essorez le mesclun. Mettez-le dans un plat creux. Dégraissez les tranches de magret fumé. Faites dorer les gésiers confits dans leur graisse pendant 5 minutes. Préparez la vinaigrette en mélangeant la moutarde, un peu de sel et de poivre avec le vinaigre et les huiles. Versez sur la salade et mélangez bien. Disposez dessus les tranches de magret, les tranches de foie gras et les gésiers tièdes. Parsemez de cerneaux de noix concassés.

Trévise aux figues et au chèvre

4 15 min

1 sachet de trévise • 6 figues • 6 tranches fines de jambon de Parme • 150 g de fromage de chèvre frais • 1 cuil. à soupe de vinaigre de xérès • 4 cuil. à soupe d'huile d'olive • 70 g de pistaches nature • sel, poivre

Rincez et essorez la salade, mettez-la dans un plat creux. Rincez les figues et coupez-les en quatre. Détaillez le jambon en lamelles. Concassez grossièrement les pistaches, mettez-les dans un bol. Modelez des boulettes de fromage de chèvre de la taille de noisettes et roulez-les dans les pistaches en appuyant bien pour les faire adhérer. Préparez la sauce en battant le vinaigre, l'huile et un peu de sel et de poivre. Versez la sauce sur la salade, mélangez. Disposez harmonieusement sur la salade les lamelles de jambon, les quartiers de figue et les boulettes de fromage.

SALADES AUX ŒUFS

•

Épinards aux œufs mollets et aux pistaches

4 · 10 min · 7 min

200 g de pousses d'épinards • 4 œufs • 75 g de pistaches nature décortiquées • 1 gousse d'ail • 2 cuil. à soupe de vinaigre de vin vieux • 2 cuil. à soupe d'huile de noix • 2 cuil. à soupe d'huile de tournesol • sel, poivre

Faites cuire les œufs mollets dans de l'eau bouillante pendant 7 minutes, rafraîchissez-les et écalez-les. Lavez, essorez les pousses d'épinards et mettez-les dans un saladier. Pelez et écrasez l'ail. Préparez la vinaigrette en mélangeant le vinaigre avec un peu de sel, de poivre, l'ail écrasé et les deux huiles. Versez sur la salade, mélangez. Concassez grossièrement les pistaches, parsemez-en la salade, puis déposez dessus les œufs.

Haricots verts à la catalane

4 | 10 min | 10 min

1 kg de haricots verts extra-fins • 4 petits oignons • 2 œufs • 1 citron • 4 cuil. à soupe d'huile d'olive • sel, poivre du moulin

Effilez les haricots verts, faites-les cuire à la vapeur pendant 10 minutes en veillant à ce qu'ils soient croquants. Faites durcir les œufs, rafraîchissez-les, écalez-les, puis coupez-les en quartiers. Pressez le citron, mélangez le jus avec l'huile d'olive, salez et poivrez. Pelez les oignons et hachez-les. Mettez les haricots dans un plat creux, parsemez d'oignons, arrosez de sauce. Disposez les quartiers d'œuf tout autour.

Notre conseil : vous pouvez utiliser des haricots surgelés que vous ferez cuire 6 à 8 minutes.

Mâche aux champignons

4 · 10 min · 5 min

1 sachet de mâche • 12 œufs de caille • 200 g de champignons de Paris • 1 cuil. à café de moutarde forte • 2 cuil. à soupe de vinaigre de vin • 5 cuil. à soupe d'huile de noix • sel, poivre

Faites durcir les œufs de caille à l'eau bouillante pendant 5 minutes, rafraîchissez-les, écalez-les et coupez-les en deux dans le sens de la longueur. Lavez, essuyez les champignons et émincez-les. Rincez et essorez la mâche. Mettez-la dans un saladier. Disposez dessus les champignons et les œufs de caille. Préparez la vinaigrette avec le reste des ingrédients, versez-la sur la salade au dernier moment.

Notre conseil : vous pouvez remplacer la moitié de l'huile de noix par de l'huile de tournesol pour un goût de noix moins prononcé.

Œufs à la crétoise

4 · 10 min · 10 min

8 œufs • 6 oignons doux • 1 cuil. à café de moutarde douce • 2 cuil. à soupe de vinaigre de vin • 4 cuil. à soupe d'huile d'olive • sel, poivre

Faites cuire les œufs à l'eau bouillante pendant 10 minutes, rafraîchissez-les, écalez-les, coupez-les en rondelles. Pelez les oignons, coupez-les en rondelles et détachez les anneaux. Dans un plat creux, disposez une couche de rondelles d'œuf dur, une couche d'anneaux d'oignon et renouvelez l'opération jusqu'à épuisement des ingrédients. Mélangez dans un bol la moutarde, un peu de sel, de poivre, le vinaigre et l'huile. Versez sur la salade. Servez frais.

Pommes de terre rattes aux œufs durs

4 · 15 min · 20 min

800 g de pommes de terre rattes • 3 échalotes • 6 œufs • 2 cuil. à soupe de vinaigre de xérès • 4 cuil. à soupe d'huile de tournesol • 1 cuil. à café de moutarde forte • 8 cl de vin blanc sec • 1 bouquet de ciboulette • sel, poivre

Faites durcir les œufs pendant 10 minutes, rafraîchissez-les, écalez-les. Faites cuire les pommes de terre à l'eau pendant 20 minutes. Égouttez-les et laissez-les refroidir. Épluchez et hachez les échalotes. Préparez la vinaigrette : battez à la fourchette la moutarde avec le vinaigre, du sel, du poivre et versez l'huile en filet. Pelez les pommes de terre encore tièdes, mettez-les dans un plat creux, arrosez-les de vin blanc, puis de vinaigrette. Coupez les œufs en rondelles, disposez-les sur les pommes de terre. Parsemez la salade d'échalotes hachées et de ciboulette ciselée. Servez à température ambiante.

Notre conseil : vous pouvez varier cette recette en remplaçant les œufs durs par des allumettes de jambon blanc, ou des moules cuites…

Salade de courgettes, œufs mimosa et crème d'anchois

4 | 20 min | 5 min

4 petites courgettes • 4 œufs durs • 2 branches de persil plat • 15 filets d'anchois à l'huile • 1 citron • 2 cuil. à soupe de vinaigre balsamique • 4 cuil. à soupe d'huile d'olive • poivre du moulin

Lavez les courgettes, plongez-les dans une casserole d'eau bouillante pendant 3 minutes, égouttez-les sur un papier absorbant, coupez-les en tranches dans le sens de la longueur, et dans le sens de la largeur, disposez-les sur des petites assiettes.

Battez le vinaigre avec l'huile et un peu de poivre, versez sur les tranches de courgette.

Pressez le citron. Mixez les anchois avec le jus de citron, versez cette crème sur les courgettes. Passez les œufs durs à la moulinette avec les feuilles de persil, saupoudrez-en les courgettes. Servez frais.

Salade de rosevald, lomo et œufs de caille

4 · 15 min · 20 min

8 pommes de terre rosevald • 8 tranches fines de lomo • 8 œufs de caille • 80 g de pousses d'épinard • 2 cuil. à soupe de vinaigre balsamique • 4 cuil. à soupe d'huile d'olive • sel, poivre du moulin

Faites cuire les pommes de terre pendant 20 minutes dans de l'eau bouillante, égouttez-les, laissez-les refroidir. Lavez et essorez les pousses d'épinard, répartissez-les sur quatre assiettes.

Faites pocher les œufs de caille pendant 3 minutes dans de l'eau bouillante, laissez-les refroidir.

Pelez les pommes de terre, coupez-les en rondelles, répartissez-les sur les assiettes, en intercalant les rondelles avec les tranches de lomo. Disposez les œufs de caille.

Mélangez à la fourchette le vinaigre balsamique et l'huile avec un peu de sel et de poivre, versez sur les pommes de terre et les pousses d'épinard. Servez à température ambiante.

SALADES DE PÂTES, DE RIZ ET DE SEMOULE

•

Macaronis au pistou

4 · 15 min · 10 min

250 g de macaronis • 3 tomates • 4 filets d'anchois • 1 boule de mozzarella • 12 olives noires dénoyautées • 8 cuil. à soupe d'huile d'olive • 50 g de parmesan • 2 gousses d'ail • 1 gros bouquet de basilic • sel, poivre

Faites cuire les macaronis dans de l'eau bouillante salée pendant 10 minutes. Rafraîchissez-les, mettez-les dans un saladier, arrosez-les avec 2 cuillerées à soupe d'huile d'olive et mélangez bien. Pelez et épépinez les tomates après les avoir plongées 1 minute dans de l'eau bouillante. Coupez la chair en cubes. Coupez la mozzarella en dés, les anchois en quatre. Épluchez les gousses d'ail, mixez-les avec le parmesan, du sel, du poivre et les feuilles de basilic en ajoutant l'huile en filet. Versez ce pistou sur les pâtes, mélangez bien. Disposez les tomates, la mozzarella, les olives et les anchois sur les pâtes. Servez à température ambiante.

Penne aux olives

4 · 10 min · 10 min

250 g de penne • 200 g d'olives noires • 75 g de parmesan • 2 gousses d'ail • 2 cuil. à soupe de vinaigre balsamique • 5 cuil. à soupe d'huile d'olive • 4 branches de basilic • gros sel, poivre

Faites cuire les penne dans de l'eau bouillante salée additionnée d'un filet d'huile. Égouttez-les, rafraîchissez-les, égouttez-les à nouveau et mettez-les dans un saladier. Épluchez l'ail et hachez-le. Mélangez le vinaigre avec l'huile, l'ail haché et un peu de poivre. Versez cette sauce sur les pâtes. Coupez les olives en morceaux, taillez des copeaux dans le parmesan, disposez-les sur les pâtes. Parsemez de feuilles de basilic ciselées. Servez à température ambiante.

Riz à l'orientale

4 · 15 min

400 g de riz blanc cuit • 1 poivron rouge • ½ concombre • 50 g de raisins secs • 2 cuil. à soupe d'amandes effilées • 1 orange non traitée • 2 avocats • 1 citron • 6 cuil. à soupe d'huile d'olive • 1 cuil. à soupe de miel • 1 bouquet de coriandre • sel, poivre

Mettez les raisins dans un bol, recouvrez-les d'eau chaude et laissez-les gonfler 10 minutes. Lavez le poivron, épépinez-le et coupez la chair en petits dés. Pelez le concombre, coupez la chair en dés de même taille. Prélevez le zeste de l'orange avec un couteau économe, hachez-le. Détaillez le fruit en quartiers, puis coupez chaque quartier en deux. Ouvrez les avocats, ôtez le noyau et coupez la chair en dés également. Mettez tous ces ingrédients dans un saladier avec le riz. Préparez la sauce : pressez le citron, mélangez le jus avec du sel, du poivre, le miel et l'huile. Versez sur la salade, mélangez bien. Égouttez les raisins, faites griller les amandes à sec dans une poêle à revêtement antiadhésif. Ciselez les feuilles de coriandre. Parsemez la salade de raisins, d'amandes et de coriandre. Servez sans attendre.

Riz au poulet et aux raisins

4 — 15 min — 10 min

250 g de riz • 4 blancs de poulet cuits • 2 oranges • 50 g de raisins de Corinthe • 1 citron • 5 cuil. à soupe d'huile d'olive • sel, poivre

Faites cuire le riz dans de l'eau bouillante salée pendant 10 minutes. Égouttez-le, rafraîchissez-le et laissez-le refroidir. Coupez le poulet en dés. Pressez les oranges et le citron, versez le jus dans un bol, ajoutez du sel, du poivre et l'huile. Mettez le riz dans un saladier, disposez dessus les raisins, les dés de poulet et arrosez de sauce. Servez frais.

Riz aux pommes et aux crevettes

4 15 min

400 g de riz blanc cuit • 1 pomme Granny • 200 g de petites crevettes au naturel • 12 olives noires dénoyautées • 12 cerneaux de noix • 1 jaune d'œuf • 1 citron • 1 cuil. à café de moutarde forte • 6 cuil. à soupe d'huile • sel, poivre

Pressez le citron, versez le jus dans un bol. Épluchez la pomme, coupez la chair en dés, citronnez-les. Mettez dans un saladier le riz cuit et les dés de pomme. Préparez une mayonnaise : mélangez au batteur la moutarde avec du sel, du poivre, le jaune d'œuf et versez l'huile en filet. Versez sur le riz et les pommes, mélangez bien. Coupez les olives en rondelles et concassez grossièrement les cerneaux de noix. Disposez harmonieusement sur la salade les rondelles d'olive, les noix et les crevettes.

Semoule à l'orientale

4 — 10 min — 1 h

250 g de semoule à grain moyen • 2 cuil. à soupe d'huile d'olive • 2 cuil. à soupe de raisins secs • 1 petite boîte de pois chiches • 1 cuil. à café de ras-el-hanout • ½ bouquet de menthe • sel

Versez la semoule dans un saladier, ajoutez une bonne pincée de sel. Faites bouillir 25 cl d'eau et versez-la sur la semoule. Laissez gonfler et refroidir pendant 1 heure environ. Mettez les raisins dans un bol, recouvrez-les d'eau chaude et laissez gonfler 10 minutes. Égouttez-les. Égouttez les pois chiches, versez-les dans le saladier, ajoutez l'huile d'olive, le ras-el-hanout et les raisins. Mélangez bien et réservez au frais jusqu'au repas. Ciselez finement la menthe sur la salade au moment de servir.

Semoule au melon et au jambon

4 20 min

400 g de semoule de blé • 1 gros melon • 8 tranches de jambon de Parme • 100 g de tomates séchées • 1 citron • 6 cuil. à soupe d'huile d'olive • sel, poivre

Versez la semoule dans un plat, arrosez-la d'eau bouillante jusqu'à niveau et laissez gonfler 10 minutes. Pressez le citron. Versez l'huile, le jus du citron, du sel et du poivre sur la semoule.

Mélangez bien à la fourchette et laissez refroidir. Pendant ce temps, coupez le melon en deux et prélevez la chair avec une cuillère parisienne. Détaillez le jambon en lanières. Coupez les tomates séchées en petits dés. Ajoutez à la semoule le jambon et le melon. Servez frais.

Torsettes à la feta

4 15 min 10 min

200 g de torsettes (pâtes) • 1 courgette • 2 tomates • 150 g de feta • 50 g de raisins secs • 1 gousse d'ail • 6 cuil. à soupe d'huile d'olive • 2 cuil. à soupe de vinaigre de vin • sel, poivre

Faites cuire les torsettes à l'eau bouillante salée pendant 10 minutes environ. Égouttez-les bien, versez-les dans un grand saladier et arrosez-les de 2 cuillerées à soupe d'huile d'olive. Mélangez et laissez refroidir. Pendant ce temps, faites tremper les raisins dans un peu d'eau chaude. Pelez et épépinez les tomates, coupez la chair en petits dés. Lavez la courgette, émincez-la très finement. Coupez la feta en petits dés. Pelez l'ail, écrasez-le avec un presse-ail et récupérez la pulpe dans un bol. Ajoutez du sel, du poivre, le vinaigre et le reste d'huile. Versez la vinaigrette sur les pâtes froides, disposez dessus harmonieu-sement les raisins égouttés, les dés de tomate et les rondelles de courgette. Servez à température ambiante.

Ananas aux noisettes

4 · 15 min · 1 h

1 ananas Victoria • 100 g de noisettes concassées • 4 cl de rhum brun • 4 cuil. à soupe de cassonade • 1 citron vert

Pressez le citron vert, versez le jus dans un saladier, saupoudrez de cassonade et arrosez de rhum. Mélangez bien.

Épluchez l'ananas et coupez sa chair en petits dés. Mettez-les dans le saladier, mélangez, recouvrez d'un film alimentaire et laissez macérer 1 heure au frais.

Répartissez l'ananas et sa marinade dans quatre coupes. Parsemez de noisettes concassées.

Bananes et kiwis au gingembre

4 · 10 min · 5 min

4 bananes • 4 kiwis • 3 cm de gingembre frais • 100 g de sucre

Versez le sucre dans une casserole, mouillez avec 10 cl d'eau. Pelez le gingembre et râpez-le au-dessus de la casserole. Portez à ébullition et laissez réduire pendant 5 minutes. Pendant ce temps, pelez les bananes et les kiwis. Coupez-les en rondelles et répartissez-les dans quatre coupes. Arrosez de sirop. Mettez au frais en attendant de servir.

Clémentines au Grand-Marnier

4 · 20 min · 7 min

10 clémentines • 1 orange non traitée • 2 cuil. à soupe de cassonade • 8 cl de Grand-Marnier

Épluchez les clémentines, séparez les quartiers et ôtez avec soin toutes les peaux blanches. Répartissez les quartiers dans quatre coupes. Prélevez le zeste de l'orange avec un couteau économe, coupez-le en fins bâtonnets et faites-les blanchir 3 minutes. Pressez l'orange, versez le jus dans une casserole, ajoutez la cassonade et le Grand-Marnier, faites chauffer et mélangez jusqu'à ce que la cassonade soit fondue. Arrosez les fruits avec ce sirop et servez immédiatement.

Fraises à la pistache

4 10 min

400 g de fraises mara des bois • 4 cuil. à soupe de pistaches nature • quelques gouttes de sirop d'orgeat

Lavez les fraises, épongez-les délicatement avec un papier absorbant puis équeutez-les. Répartissez-les dans quatre coupes. Concassez grossièrement les pistaches et saupoudrez-en les fraises. Arrosez de quelques gouttes de sirop d'orgeat avant de servir.

Fruits rouges au chinon

4 · 10 min

500 g de fraises mara des bois • 200 g de framboises • 30 g de cassonade • 1 cuil. à soupe de gingembre en poudre • 10 cl de vin de Chinon

Lavez rapidement les fraises, épongez-les. Mettez les fraises et les framboises dans quatre coupes, saupoudrez-les de gingembre et de cassonade. Arrosez de vin au moment de servir.

Mandarines à la menthe

4 · 15 min · 15 min

12 mandarines • 40 g de sucre • 4 branches de menthe fraîche

Pressez 4 mandarines, recueillez le jus dans une casserole, ajoutez le sucre et 10 cl d'eau. Portez à ébullition et faites cuire 15 minutes. Laissez refroidir. Épluchez les autres mandarines, prélevez les quartiers en ôtant les peaux blanches. Mettez les quartiers dans un compotier ou quatre coupes individuelles. Hachez les feuilles de menthe.

Arrosez les mandarines de sirop et parsemez de feuilles de menthe hachées.

Mangues aux fruits de la passion

4 15 min

4 mangues • 8 fruits de la passion • ½ citron • 2 cuil. à soupe de sucre

Épluchez les mangues et coupez la chair en dés. Mettez-les dans quatre coupes ou dans un compotier. Ouvrez les fruits de la passion en deux, prélevez la chair avec une petite cuillère, mettez-la dans un bol. Pressez le citron, ajoutez-le et saupoudrez de sucre. Mélangez délicatement. Répartissez ce coulis sur les mangues. Servez bien frais.

Oranges au miel

4 · 15 min · 5 min

5 oranges • 250 g de miel liquide • 1 citron • 2 cuil. à soupe d'eau de fleur d'oranger

Pressez le citron, versez le jus dans une casserole, ajoutez le miel et l'eau de fleur d'oranger puis portez à ébullition. Retirez du feu, laissez refroidir. Pelez à vif les oranges, prélevez les quartiers en ôtant les peaux blanches, mettez-les dans un compotier ou dans quatre coupes. Arrosez de miel.

Pêches au vin rosé

4 · 10 min · 10 min · 1 h

2 pêches jaunes • 2 pêches blanches • 30 cl de vin rosé • 3 cuil. à soupe de miel liquide • 6 grains de poivre • 4 branches de menthe

Pelez les pêches, faites-les pocher pendant 5 minutes dans de l'eau bouillante. Retirez-les, coupez-les en lamelles et disposez-les dans un plat creux ou dans quatre coupes.

Faites bouillir le vin avec le miel et les grains de poivre pendant 5 minutes. Versez sur les pêches.
Laissez refroidir, puis placez au réfrigérateur au moins 1 heure. Parsemez de menthe ciselée avant de servir.

Poires aux amandes

4 10 min

4 grosses poires • 4 cuil. à soupe de miel liquide • ½ citron • 8 cl de vin blanc doux • 100 g d'amandes effilées

Épluchez les poires et coupez-les en dés. Répartissez-les dans quatre coupes. Pressez le citron, mélangez le jus dans un bol avec le miel et le vin blanc, versez sur les poires. Faites griller les amandes effilées à sec dans une poêle à revêtement antiadhésif et parsemez-en les coupes.

Salade de fruits d'hiver au rhum

4 15 min

3 bananes • 2 pommes • 2 poires • 2 clémentines • 5 cl de jus d'orange • 5 cl de jus d'ananas • 4 cl de rhum ambré • 1 cuil. à soupe de cannelle

Pelez les clémentines, séparez les quartiers. Pelez les poires et les pommes, coupez-les en dés. Détaillez les bananes en rondelles.

Mélangez les fruits dans un saladier, arrosez-les de jus d'orange, de jus d'ananas et de rhum, mélangez.

Répartissez dans quatre verrines, saupoudrez d'un peu de cannelle. Servez frais.

Salade de fruits exotiques

4 · 15 min · 5 min

1 ananas Victoria • 1 orange • 2 kiwis • 1 mangue • 1 papaye • 70 g de sucre en poudre • 1 citron vert • 1 cuil. à café de cannelle moulue • 1 clou de girofle • poivre

Versez le sucre dans une casserole, arrosez avec 20 cl d'eau, ajoutez la cannelle, le clou de girofle écrasé et une grosse pincée de poivre.
Portez à ébullition, laissez frémir jusqu'à ce que le sucre soit dissous, laissez refroidir.
Pelez l'ananas, la mangue, la papaye et les kiwis, détaillez-les en petits dés. Répartissez-les dans quatre verrines.
Pressez l'orange et le citron vert, filtrez le sirop, mélangez le jus des fruits et le sirop, versez dans les verrines. Servez frais.

•

Huile aromatisée à l'ail et au basilic

4 · 5 min · 1 h

6 cuil. à soupe d'huile d'olive • 8 feuilles de basilic • 3 gousses d'ail

Pelez les gousses d'ail, coupez-les finement, mettez-les dans un bol. Ciselez les feuilles de basilic au-dessus du bol, puis versez l'huile. Couvrez avec un film alimentaire et laissez mariner au moins 1 heure.

Nos conseils : servez cette huile avec des tomates et de la mozzarella. Vous pouvez aussi la mélanger avec du vinaigre de vin ou du jus de citron. Vous pouvez aussi remplacer le basilic par du thym, du laurier ou du romarin.

Huile aromatisée au citron, à l'ail et au gingembre

4 · 5 min · 12 h + 3 jours

2 citrons non traités • 30 g de gros sel de mer • 4 cm de gingembre frais • 4 gousses d'ail • 10 cuil. à soupe d'huile d'olive

Lavez les citrons, coupez-les en quatre, mettez-les dans un saladier et couvrez-les de gros sel. Couvrez le saladier avec un film alimentaire et laissez mariner 12 heures. Rincez alors les citrons à grande eau, épongez-les. Pelez le gingembre et coupez-le en petits dés. Épluchez les gousses d'ail et coupez-les en deux. Mettez dans un bocal les citrons, le gingembre, l'ail, couvrez d'huile d'olive. Fermez et placez au frais. Attendez 3 jours avant d'utiliser cette huile pour parfumer vos salades.

Sauce au citron et au miel

4 5 min

1 citron non traité • 1 cuil. à soupe de vinaigre balsamique • 1 cuil. à soupe de miel liquide • 3 cuil. à soupe d'huile d'olive • 2 cuil. à soupe de pignons • sel, poivre

Prélevez le zeste du citron avec un couteau économe et râpez-le. Pressez le fruit. Versez le jus et le zeste râpé dans un bol, ajoutez le miel, le vinaigre, l'huile d'olive, du sel et du poivre. Faites griller les pignons à sec dans une poêle à revêtement antiadhésif, ajoutez-les à la sauce au moment de servir.

Notre conseil : utilisez cette sauce pour accompagner une laitue iceberg ou une salade de fenouil râpé.

Sauce au curry

4 · 5 min

1 yaourt nature • 1 citron vert • 3 cuil. à soupe d'huile d'olive • 1 cuil. à café de curry en poudre • sel

Pressez le citron vert, versez le jus dans un bol. Ajoutez un peu de sel, le yaourt, le curry et enfin l'huile en battant à la fourchette pour émulsionner la sauce.

Notre conseil : servez cette sauce avec de la scarole, de la batavia, de la romaine ou du riz froid.

Sauce au parmesan

4 · 5 min

30 g de parmesan râpé • 1 citron • 2 cuil. à café de vinaigre balsamique • 5 cuil. à soupe d'huile d'olive • sel, poivre

Pressez le citron, versez le jus dans un bol. Ajoutez du sel, du poivre, le vinaigre balsamique et l'huile. Battez à la fourchette pour émulsionner puis ajoutez le parmesan.

Notre conseil : servez cette sauce avec de la scarole, de la romaine, une salade de poulet ou des pâtes.

Sauce au yaourt

4 5 min

2 yaourts bulgares nature • 4 branches de menthe • 4 branches de persil • sel, poivre

Versez les yaourts dans un bol, salez, poivrez fortement, ciselez les herbes et ajoutez-les. Mélangez bien.

Notre conseil : servez cette sauce fraîche avec des concombres ou des haricots verts.

Sauce moutarde aux herbes

4   5 min

1 cuil. à café de moutarde forte • 2 cuil. à soupe de moutarde Savora • ½ cuil. à café de sucre • 1 bouquet d'aneth • 1 bouquet de ciboulette • 3 cuil. à soupe de vinaigre de cidre • 7 cuil. à soupe d'huile de colza • sel, poivre

Mélangez les deux moutardes avec du sel, du poivre, le vinaigre, le sucre. Versez l'huile goutte à goutte en fouettant. Ciselez les herbes et ajoutez-les au moment de servir.

Notre conseil : servez cette sauce avec des légumes tièdes cuits à l'eau ou à la vapeur.

Vinaigrette à la framboise et aux noix

4 — 5 min

1 cuil. à café de moutarde forte • 2 cuil. à soupe de vinaigre de vin à la framboise • 5 cuil. à soupe d'huile de noix • sel, poivre

Mélangez le vinaigre avec la moutarde, un peu de sel et de poivre, puis versez l'huile peu à peu.

Notre conseil : servez cette vinaigrette avec de la mâche, des endives, des salades composées avec des magrets, des gésiers confits…

Vinaigrette au gingembre et à la coriandre

4 · 10 min · 1 h

4 cm de gingembre frais • 1 cuil. à café de sucre • 1 cuil. à café de vinaigre balsamique • 2 cuil. à soupe de vinaigre de xérès • 5 cuil. à soupe d'huile de colza • 1 bouquet de coriandre • sel

Pelez et râpez le gingembre, mettez-le dans un bol. Ajoutez du sel, le sucre, les vinaigres, puis versez l'huile en fouettant. Ciselez la coriandre, incorporez-la, puis laissez mariner pendant au moins 1 heure.

Notre conseil : servez cette sauce avec une salade de tomates, des œufs durs ou du riz.

Vinaigrette au piment

4 · 5 min · 1 h

1 gousse d'ail • 1 piment rouge frais • 1 piment vert frais • 2 cuil. à soupe de vinaigre de xérès • 5 cuil. à soupe d'huile d'olive • sel, poivre

Lavez les piments, épépinez-les et coupez-les en rondelles, mettez-les dans un bol. Pelez la gousse d'ail, coupez-la en quatre, ajoutez-la aux piments, versez le vinaigre, l'huile, un peu de sel et de poivre. Mélangez bien, couvrez le bol d'un film alimentaire et laissez mariner pendant 1 heure au moins avant de l'utiliser.

Notre conseil : assaisonnez avec cette vinaigrette une salade de tomates ou de crudités.

Vinaigrette aux agrumes

4 — 5 min

½ orange • ½ citron • ½ pamplemousse • 4 cuil. à soupe de sauce de soja • 2 cuil. à soupe d'huile de colza

Pressez les fruits, versez le jus dans un bol, ajoutez la sauce de soja et l'huile en battant au fouet.

Notre conseil : servez cette sauce avec une salade de poulet, de crevettes, de soja ou d'endives.

Vinaigrette aux herbes

4 — 5 min

1 cuil. à café de moutarde forte • 2 cuil. à soupe de vinaigre de vin • 5 cuil. à soupe d'huile d'olive • ½ bouquet de persil plat • ½ bouquet de cerfeuil • sel, poivre

Mélangez la moutarde avec du sel, du poivre et le vinaigre, versez l'huile en filet en fouettant pour émulsionner. Ajoutez les herbes ciselées au moment de servir.

Nos conseils : cette sauce classique est idéale avec toutes les salades vertes, les tomates, les légumes crus ou cuits. Vous pouvez remplacer le persil et le cerfeuil par de la coriandre et de la menthe, pour accompagner une salade de couscous par exemple.

Index des recettes

Salades de légumes

Salades de poissons, crustacés, coquillages

Salades de viandes et de volailles

Salades aux œufs

Salades de pâtes, de riz et de semoule

Salades de fruits

Sauces d'accompagnement